Karin Maria Wieser

Taktgefühl und Kopfläuse

Karin Maria Wieser

Taktgefühl und Kopfläuse

Leben, reisen und arbeiten in Argentinien

Miller E-Books

Impressum

Karin Maria Wieser: Taktgefühl und Kopfläuse –
Leben, reisen und arbeiten in Argentinien

ISBN: 978-3-95600-958-7

Titelbild: Barbara Weber, München

Abbildungen im Buch: Karin Maria Wieser und Gereon Aubele, Schwabmünchen

Covergestaltung: Kathrin Jung, Neusäß

Lektorat: Dr. Birgit Stahl, Prüm

Beratung und Layout: Wolf-Dieter Roth, Buchloe

Verlag: Miller E-Books (www.miller-e-books.de), Buchloe

Druck: BoD, Norderstedt

Nachdruck oder Vervielfältigungen, auch auszugsweise, bedürfen der schriftlichen Zustimmung von Autor und Herausgeber.

Alle Angaben in diesem Buch wurden mit größter Sorgfalt erarbeitet und zusammengestellt. Irrtümer und Fehler sind dennoch nie auszuschließen. Haftung oder juristische Verantwortung sind jedoch ausdrücklich ausgeschlossen.

Bibliografische Information der Deutschen Nationalbibliothek: Die Deutsche Nationalbibliothek verzeichnet diese Publikation in der Deutschen Nationalbibliografie; detaillierte bibliografische Daten sind im Internet über dnb.dnb.de abrufbar.

Inhalt

Intro 9

Erstes Jahr

Ankunft in Buenos Aires 13

Zwei Monate später 17

Gute oder üble Lüfte 25

Sauna und Gaucho-Festival in San Antonio de Areco 29

Piojos – una cosa normal – eine ganz normale Sache 36

Frühjahrsferien im September auf der Halbinsel Valdés 41

Führerschein und Autokauf 50

Akupunktur im Barrio Chino 60

Einreiseprobleme und Silvester in Chile 67

Zweites Jahr

Juan Carlos, Encargado 79

Winter in Argentinien und Sommergrüße nach Deutschland .. 92

Jorge und Silvia 103

Susana Escobar, Guaraní-Indigena 108

Argentinische Handwerker 118

Telefonterror und weitere Übel 127

Momentaufnahme 133

Das Drama mit der Weihnachtspost 136

Drittes Jahr

9000 Kilometer Patagonien 141

Daniel, Lehrer an einer staatlichen Schule 151

Gehen oder bleiben 156

Reisen in unserer Jugend und jetzt 164

Ein persönlicher Blick auf drei Länder und drei Jobs 170

Wenn man einen (Not-)Arzt braucht 176

Sofía und Cristina 182

Der Showdown 191

Ausflug nach Uruguay 198

Die Ausreise 207

Nachwort 212

Für Ron,
der durch sein Management uns allen Argentinien
und mir das Schreiben ermöglicht hat

Für Aurora,
unsere Tochter

Für alle jene, die mir einen Teil ihres wertvollsten Besitzes
widmen: ihre Zeit,
sei es beim Lesen dieses Buches
oder beim Auffächern ihrer Gedankenwelten

Und mit besonderem Dank an Kathrin Jung

Intro

Die „Faszination unendlicher Weiten" leitete vor mehr als vierzig Jahren jede Folge von Gene Roddenberrys Raumschiff Enterprise ein. Wie viele Fantasiebegabte sprengte der Autor Grenzen. In der Vorstellung, der Phantasie, in den Möglichkeiten. Er griff bis ins Herz seiner Fans, die ihre eigenen äußerlichen und innerlichen Limits spürten, ausloteten und durchbrachen.

Grenzen sind nicht zwangsläufig verkehrt. In der Kindheit führt Grenzenlosigkeit schnell zu Haltlosigkeit und mündet ins Trudeln. In jenes Trudeln, das Roddenberrys Raumschiffbesatzung mutig, klug und besonnen zu vermeiden wusste. Sie verlor nie den Halt. Der Autor ließ das Handeln der Mannschaft nicht planlos werden, sondern strukturierte es tapfer. Auf dieser tragfähigen Basis durchquerten Kirk und seine Crew endlose Weiten. Sie dehnten dabei ihren Horizont aus und flößten auch ihren Zuschauern Mut ein, selbst unbekannte Welten zu entdecken – anstatt brav innerhalb des altbewährten Rahmens zu verschimmeln.

Faszination hat allerlei Gesichter. Die meine galt freilich der Weite, und darin zunächst den Formen und Farben. Während meines Aufwachsens blieb mir nicht verborgen, dass beides in weit größerer Vielfalt und Wucht vorhanden sein konnte, als ich es in meiner nächsten Umgebung vorfand. Es waren immergrüne, wuchernde Pflanzen und Blüten, die nicht nach kurzen Sommerwochen verschrumpelten und anschließend monatelang unter einer Schneedecke erstarrten. Kurz: In meinem Fokus lagen die Tropen. Wo sich die Farben mannigfaltig ausbreiten. Wenn ein Baum seine Früchte abwirft, ist bereits der nächste voller Knospen und besprenkelt kurz darauf mit seiner herunterrieselnden Pracht die Wege unter sich in Rot, Weiß, Gelb und Lila. Die Gefieder der Vögel stehen an Leuchtkraft der Botanik um nichts nach. Genauso wenig die Hautschattierungen der Menschen und die Buntheit ihrer Kleidung. Darin schwelgte ich als Kind. Genauer, in den tropischen Regionen Südamerikas. Ihnen galten mein Glühen und mein Jubel. Was mir vorerst ausreichte. Ich musste mir nicht erklären, warum ich meine persönlichen unendlichen Weiten nicht in Asien oder Afrika sah. Südamerika musste es sein. Ich begehrte es mehr als alles andere.

Mit achtzehn flog ich zum ersten Mal über den Ozean. Die Sterne, nach denen ich greifen wollte, wucherten nicht im Weltraum, sondern dort. Es verlangte mir danach, auch zu finden, wovon ich bisher nicht genau wusste, was es überhaupt war. Bald stellte ich fest, dass es sich mit dem Rucksack auf dem Rücken und alle paar Tage an einem neuen Ort nie ganz auftun würde. Dass relativ kurze Aufenthalte nicht reichten. Ich suchte mehr. Ich wollte, ich musste, teilnehmen, ein Teil des Ganzen werden. Um (auch mich!) zu verstehen.

Nach dem zweiten Staatsexamen fahndete ich nach Türen, die mein Leben in Deutschland durchlässig machten und mir ermöglichten, mich für Jahre in Lateinamerika niederzulassen. Ich bewarb mich beim Auslandschulwesen, es vermittelt Lehrer an weltweite Schulen. Kaum hatte ich eine Anstellung gefunden, vergrößerte ich meine bisher durchreisten Weiten bis über die Gebiete am Äquator hinaus und zog nach Mexiko. Dort arbeitete ich zwei Jahre am *Colegio Humboldt* in der Provinz Puebla im mexikanischen Hochland. Ich wohnte mexikanisch, in einer kleinen Wohnung innerhalb des Anwesens einer Großfamilie. Ich flog und stürzte, jauchzte und weinte. Und vollzog millimeterweise nach, wie es sich auf Mexikanisch denkt, fühlt und handelt. Ich bekam, wonach ich gierte: Ich durfte mit allen Sinnen ein Stück von der Welt (und von mir selbst) begreifen.

Nach zwei Jahren kehrte ich zurück nach Deutschland, heiratete und unsere Tochter kam. Die Geburt hatte es in sich und es dauerte, bis die Kräfte wiederkehrten. Sie kamen nicht allein. Meine Sehnsucht wuchs zusammen mit ihnen und zeigte nun nach Süden, auf den *Cono Sur*, den Südkegel des amerikanischen Kontinentes. Sie wies auf Chile, Argentinien, Uruguay und Paraguay. Wieder waren mir die Gatter meines Lebens zu eng geworden. Wieder wurde eine Wohnung aufgelöst und die Wurzeln aus der Erde gezogen, um sie in neuen Regionen einzupflanzen. Diesmal in Buenos Aires, wohin es mit Kind und Ehemann an die Pestalozzi-Schule ging.

Mit im Gepäck ein Katalog von Fragen. Allen voran, wie es möglich war, dass ein Land, dem von der Natur so viel an agrarwirtschaftlichem und touristischem Potential geschenkt wurde, nicht zur ersten Welt gehört? Wo lagen die unsichtbaren Haken? Warum rutschte Argentinien dahin wie ein kleines Kind, das bei seinen Gehversuchen wie auf einer glatten Fläche ins Schleudern gerät?

Die Menschen dort mussten Antworten parat halten! Aber würden wir verständig genug sein, um sie bis ins Hinterste zu durchschauen? Und wie würde unsere elfmonatige Tochter auf diesen Umzug reagieren? Mit Sicherheit standen uns diverse Schwierigkeiten bevor. Auch solche, die wir uns noch gar nicht ausmalen konnten. Aber: *Die Welt gehört dem, der sie genießt!* (Giacomo Leopardi). In diesem Sinne starteten wir in die großen Weiten. Es war am vorletzten Januartag 2008.

Erstes Jahr

Ankunft in Buenos Aires

Es más fácil llegar al sol que a tu corazón. Im Taxi vom Flughafen Ezeiza in Richtung Innenstadt, Buenos Aires, Argentinien. Viele Flugstunden lagen hinter uns und vor allem die strapaziösen Wochen des Packens samt kaum noch überschaubarer Organisation: Wohnung auflösen, Hausrat verkaufen und einlagern, Kisten mit Unterrichtsmaterial vorausschicken, alte Verträge auflösen und neue unterschreiben, Abschied nehmen von Eltern, Großeltern und Freunden. Die letzten Nächte, jetzt schon ohne eigene Bleibe, verbrachten wir bei meinem Vater. Er brachte uns geplättet und zugleich aufgepeitscht zum Flughafen. Eis und bizarre Kälte waren uns in den Körper bis auf die Knochen gekrochen. Unsere neue Wahlheimat umarmte uns dagegen mit herrlichen dreißig Grad und diesem Song der mexikanischen Gruppe *Maná* vom Taxiradio her. „Es ist einfacher, die Sonne zu erreichen, als dein Herz", verkündete er. Wie wahr. Und er trifft auf ein Land genauso zu wie auf einen Menschen.

Buenos Aires – das bedeutet dreizehn Millionen Artgenossen und subtropisches Klima an der Mündung des Río de la Plata. Fusioniert aus zwei Flüssen, dem Río Paraná und dem Río Paraguay, ergießt er sich nach zweihundertneunzig Kilometern goldbraun und sedimentreich in einem bis zu zweihundertzwanzig Meter breiten Mündungstrichter ins Meer. Ob der Silberfluss seinen Namen dem Glitzern auf der Wasseroberfläche verdankt oder den von den Spaniern lediglich erhofften Edelmetallvorkommen, bleibt unklar. Ebenso könnten von den Ufern aus den Fremden freudig winkende (und geschmückte!) Ureinwohner oder spätere Silbertransporte aus Bolivien Grund für seine Benennung sein.

An nur wenigen Stellen erreicht die Tiefe zwanzig Meter. Für die Schiffszufahrt vom offenen Meer zum Hafen hob man eigens eine Rinne aus. Baden? Mutige lädt er dazu ein. Vorsichtige meiden seine Beimengungen. Weniger die natürlichen, mehr die industriellen. Welchen Einladungen wir folgen würden, oder welche uns verfolgten, ahnten wir noch nicht.

Blick von der Plaza San Martín im Zentrum

Sicht aus unserem Wohnzimmer

Nach Pampa-Grasland zogen schier endlose Hochhäuser an uns vorüber, bis wir endlich *Belgrano R* erreichten. Das war der Stadtteil, nordwestlich des nahen Zentrums gelegen, in dem sich meine Auslandsschule befand und in dem wir von Deutschland aus eine Wohnung gemietet hatten. Dem Taxi entstiegen riecht man sofort die Nähe des Meeres. Feuchte, mit einer Prise Salz gemischte Luft begrüßte uns, die sonnige Hitze in groteskem Kontrast zu unserer Winterkleidung.

Zum ersten Mal fiel unser Blick auf Juan Carlos, der mehr als nur Hausmeister eines zehnstöckigen Hochhauses war. Er war die Seele, ohne die dieses Gebäude aus nichts anderem als hartem Beton und Stahl bestanden hätte. Fröhlich, überschwänglich, lachend händigte er uns die bei ihm deponierten Schlüssel für unsere Wohnung im vierten Stock aus. Der Vermieter selbst war flüchtig, stadtflüchtig, im Urlaub auf einem seiner Landhäuser.

Juan, der einen Namen trägt, bei dem sich in ach so zahlreichen spanischsprachigen Gegenden stets mehr als fünf umdrehen, ruft man ihn laut in eine Straße, ein Café oder ein Restaurant, begleitete uns samt Gepäck zu den beiden Aufzügen und in die Wohnung Nummer sechzehn. Teppichböden und Rollläden, über die wir staunten, weil wir sie nicht für üblich gehalten hatten, fanden wir zusätzlich zur Grundeinrichtung vor. Dazu jede Menge Staub.

Juan drückte uns seine Telefonnummer in die Hand: *Llámenme, día y noche, llámenme.* – Ruft mich an (egal welches Problem ihr habt!), Tag und Nacht, ruft mich an! Er wohnte unter uns, bildlich unter allen im Haus, in der winzigen eingegliederten Hausmeisterwohnung. Es war also ohnehin kein weiter Weg zu ihm. Trotzdem ging er lieber auf Nummer sicher und kein Fünkchen Heuchelei war in seinen Worten zu erkennen. Er wollte für uns da sein, für die Bewohner des Wolkenkratzers, für den er verantwortlich war. Tag und Nacht. Hingabe, eine andere Hingabe als in Deutschland. Bereits in diesen ersten Stunden in Argentinien deutlich spürbar.

Die folgenden Tage verbrachten wir in einer Art Urlaubseuphorie. Diese riesige Stadt mit all ihren Möglichkeiten lag um uns, wir mitten in ihr, alles konnte erkundet, erfahren und erlebt werden. Eine Stadt, in der jedes *barrio,* jedes Viertel, durch sein ureigenes Gepräge fast wie eine eigene Welt wirkte. Sie umgab uns laut, heiß und mit der unerschütterlichen Überzeugung ihrer Bewohner, in Südamerika etwas Besonderes zu sein, auf irgendeine Weise „besser" als die anderen Lateinamerikaner, die nicht so „europäisch" waren wie sie selbst. Dieser Ruf eilt den Argentiniern gar manchmal voraus, auch uns war er bekannt, ebenso wie ihr daraus folgendes, scheinbar unerschütterliches Selbstwertgefühl. War dem wahrhaft so? Noch relevanter schien mir, welche Knospen eine so geartete Selbsteinschätzung trieb.

Das Viertel *Belgrano R* (R für *residencial* – Wohngegend) ist voller Cafés und baumgesäumter Wege. Morgens waschen die Hausmeister die Trottoirs sauber von den Hinterlassenschaften der zahlreichen Hof- und Schoßhunde. Straßenkatzen verbergen sich stets im Hintergrund zwischen Büschen und unter Autos, werden aber gefüttert wie anderswo die Stadttauben. Man sieht Papas mit Nachwuchs an der Hand und Kinderwägen schiebend – etwas, was in manch anderem von Männern dominierten Land nach wie vor ziemlich undenkbar wäre, aber gerade für uns sehr erleichternd war:

Mein Mann und ich befanden uns in getauschten Rollen. Er hatte Erziehungsurlaub genommen, damit ich arbeiten konnte. Unsere Tochter wurde in diesen Tagen ein Jahr alt. Ihren Geburtstag feierten wir auf dem Spielplatz der *Plaza Castelli* unter Palmenwedeln, in denen grüngraue Mönchssittiche nisteten. Aurora war entblättert von den Bergen an Kleidung, die noch in Deutschland nötig gewesen war. Sie genoss ihre neue Bewegungsfreiheit und ich freute mich daran, die Konturen ihres kleinen Körpers endlich nicht mehr durch zentimeterdicke Stoffschichten gerade mal erahnen zu müssen.

Nach unseren Erkundungsstreifzügen durch die Stadt verbrachten wir die ersten Abende bei neunundzwanzig Grad im freilich ebenfalls recht temperierten Sand eines Spielplatzes. Für Hitzeliebhaber wie uns, immer frierend im mittleren Europa, waren das paradiesische Verhältnisse. Palmenstämme stützten unsere Rücken, Aurora buddelte. Argentinien hatte uns leicht und unbeschwert empfangen. Es gestand uns dringend nötige Stunden der Erholung zu nach den überfüllten letzten Wochen in Deutschland. Wie gnädig, dass wir noch nicht ahnten, welche Erschöpfungszustände es uns bald zumuten würde.

Zwei Monate später
Eine Mail

Liebe Familien und Freunde,

vielleicht kann sich der eine oder andere vorstellen, wie ich als Schreiberin langer Briefe hibbelig werde, wenn ich kaum noch Worte für euch arrangieren kann. Tagsüber fallen mir ständig Geburtstagsgrüße und anderes ein, was ich versenden möchte und schon versäumt habe. Abends, wenn Aurora schläft und ich um 23 Uhr mit der Unterrichtsvorbereitung fertig bin, schaffe ich nur noch die unumgängliche geschäftliche Korrespondenz. Dann ist Ende mit den Kräften. Nur selten bleibt Energie für einen persönlichen Brief. Deshalb dieser an euch alle.

Zur Schule: Von meinen vierzehn Klassen sind zwei schwierig, der Rest ist umgänglich, dennoch aufwendig. Beim Namen kenne ich inzwischen dreißig meiner rund zweihundert Schüler, von denen ich die meisten pro Woche je einmal sehe. Ich arbeite daran, sie alle persönlich ansprechen zu können. Dass das Verhältnis zwischen Lehrern und Schülern in Argentinien ein ganz anderes ist als in Deutschland, ist mir recht und angenehm. Wir werden von den Kindern beim Vornamen genannt und geduzt, man steht gewissermaßen auf ein- und derselben Stufe. Was das Wegfallen vieler Hierarchien, auch Respektshierarchien, im Alltag bedeutet, das wird sich mir noch zeigen müssen.

Trifft man Schüler auf der Straße, begrüßen sie einen mit einem Küsschen auf die rechte Wange. Dann beäugen, ja bewundern sie Aurora und verabschieden sich wieder mit Küsschen, auch bei Ron. Auch die Männer schmatzen sich auf die Wangen. Manchen neu angekommenen Kollegen verwirrte das reichlich, als Einheimische ihn am Flugplatz abholten. Kolleginnen wiederum amüsierte die überrumpelte Verblüffung ihrer Gatten. Ob es sich befriedend auswirkt, wenn sich Männer täglich und regelmäßig in solch menschlichen Handlungen nähern? Ob es sie vom Kreiseln ums Kräftemessen, sei dieses grob oder subtil, befreit und ein Miteinander stattdessen mehr in den Vordergrund tritt? Zu früh, um darauf zu antworten.

Die Schule ist in Argentinien anders strukturiert als in Europa. Es gibt nicht das System der Klassenlehrer, dafür das der *Preceptores*. Je ein *Preceptor* ist für eine Jahrgangsstufe zuständig, im Fall meiner Schule damit für je zwei bis drei Klassen. Er führt am Morgen und nach der Mittagspause die Anwesenheitslisten, teilt Zettel aus, kontrolliert Unterschriften und unterbricht dafür häufig den laufenden Unterricht. Er ist der erste Ansprechpartner für die Eltern und sitzt zusammen mit den anderen Preceptoren in der *Preceptoría*, einem Büro, das sich unweit der Klassenräume befindet.

Wir haben an unserer Schule das Glück, dass unsere Preceptoren ihre Arbeit ernst nehmen und von den Schülern respektiert werden. Verweist man einen besonders ermahnungsresistenten Schüler des Raumes, dann kann man darauf vertrauen, dass er vom zuständigen Preceptor zur Schulleitung gebracht wird. Von Kollegen anderer Schulen habe ich allerdings genau das Gegenteil gehört.

Die Preceptoren sind hierzulande nicht wegzudenken, denn sie haben den Überblick und helfen bei vielen Dingen. Aber das letzte Wort gesteht man ihnen dennoch nicht zu. Im Rang über ihnen sitzen die *Tutores*, deren Arbeitsplatz die *Tutoría* ist, ein eigens für sie bereitgestelltes Büro. Es gibt wieder je einen Tutor pro Jahrgang. Er beschließt Klassenzusammensetzungen und -wechsel, nötige Konferenzen und führt Elterngespräche.

Man trifft die Tutoren nicht so oft an wie die Preceptoren und braucht manchmal sogar einen Termin für ein zu besprechendes Anliegen. Beide zusammen, Preceptoren und Tutoren, erfüllen die in Deutschland gängige Funktion des Klassenlehrers. Die Leitung einer Klasse durch einen Lehrer ist nicht bekannt.

Wegen der Stadtgröße und den damit einhergehenden spezifischen Gefahren sind die Teenager ziemlich behütet und in Folge unselbstständiger, als man es von Deutschland her kennt. Ich habe am Anfang ständig zu viel vorausgesetzt. Sie brauchen meistens auch für vermeintlich ersichtliche Arbeitsgänge eine Anleitung.

Auffällig ist die große Dichte an örtlichen Modenamen. In jeder Klasse gibt es mindestens zweimal den allzu häufigen *Juan*, gefolgt von jeweils zwei Vertretern von *Agostín*, *Martín* und *Ezequiel*. Die Mädchen nennen sich *Agostina*, *Paula*, *Camila*, *Martina*, *Sofía*. Auch mehrere Varianten von *Julia* sind zahlreich, wie *Juliana*, *Julieta* und die italienische Form *Giulietta*. Untrügliche Nostalgie findet sich dagegen bei einer *Edelweiß*.

Attraktiv klingen Namen, die aus dem Araukanischen, der Sprache der Mapuche, stammen, einem Ureinwohnervolk, das im Süden des Landes einst blühend wurzelte. Anzutreffen sind bei den Jungen *Nahuel* (Jaguar, sprich Na-uel) und *Nehuen* (stark, sprich Ne-uen), bei den Mädchen *Huilen* (Frühling, klingt wie „U-i-lenn) und *Ailín* (transparent).

Die Art der Argentinier, *su forma de ser* (ihrer Fasson zu sein, sich zu geben, das Leben zu nehmen)? Leichter als diese beobachtet sich zunächst die Optik. Sie ist verwandt mit der südeuropäischen. Jedoch sind die Argentinier mit noch dickeren Haaren geschmückt. Eine einzige Zopfsträhne vieler Mädchen umfasst fast mehr als meine gesamte eigene Haarpracht, sofern sie denn eine Pracht ist.

Frauen haben auffallend tiefe, gar raue Stimmen. Oft mehr als schlank wirken sie manchmal schon etwas künstlich. Vielleicht mag der Gedanke im ersten Moment von weit hergeholt erscheinen, doch werden übertriebenes Abnehmen und Schlankheitswahn in der Psychosomatik als Symptom für „sich verdünnisieren wollen" betrachtet. Nicht in einer Situation oder an einem Ort bleiben zu mögen, sich im Hier und Jetzt nicht am richtigen Platz und folglich nicht wirklich wohl zu fühlen und deshalb „gehen zu wollen". Die Argentinierinnen der Hauptstadt, reiten sie allesamt auf einer langen Welle einer Modeerscheinung, oder drückt ihr Aussehen, drücken ihre hervortretenden Knochen einen kollektiven Wunsch aus? Wenn ja, welchen und warum haben sie ihn?

Auf den Straßen und im Stadtzug ist der arbeitende Teil der Bevölkerung weder spritzig noch gelöst, doch die Kinder werden gehätschelt, bei jeder sich bietenden Gelegenheit. Ein Streicheln hier, ein lustiges Ansprechen dort, ein freundlich verschenktes Lächeln oder ein Bonbon. Sie bekommen all die Zuwendung, die auch die psychische Konstitution eines Erwachsenen nährt – oder nähren würde, bekäme er genug davon. Kleine Argentinier geraten in den kaum aufzuwiegenden Luxus, mit derlei Zärtlichkeiten aufzuwachsen. Aurora macht dadurch riesige Fortschritte. Sie beginnt schon aufzunehmen, was die Leute zu ihr sagen. Es handelt sich praktisch immer um dasselbe, wie Fragen nach Alter, Namen, Herkunft.

Wenn man als Erwachsener irgendwo ein Problem hat, wird einem ebenfalls stets und umfangreich geholfen. Man will sich gegenseitig allzeit unter die Arme greifen. Vielleicht muss man sich im Bezug darauf vor Augen halten, dass das abscheuliche Toben der letzten Militärdiktatur erst seit fünfunddreißig Jahren vorbei ist und das Trauma noch tief sitzt. Keiner will und soll mehr verletzt werden und verhält sich auch den anderen gegenüber entsprechend. Das Versäumnis früherer Generationen, zu lange weggesehen zu haben, wenn auch nur aus Angst, darf sich in keiner Weise wiederholen. Weder im Großen noch im Kleinen. Uns wurde auch für die Schule mehr als nahe gelegt, geradezu befohlen, gegen keinen die Stimme zu erheben. Jegliche Art von „Militärton" sei ein absolutes No-Go.

Ein Blick zurück in die jüngere Geschichte: 1976 kam (nicht zum ersten Mal) durch einen Putsch das Militär an die Macht. Jahre der Unfreiheit und grausamer Verbrechen am Volk begannen. Dichter und Künstler suchten Schutz im Ausland. Das Ausmaß des Terrors wurde der Öffentlichkeit wegen der Zensur erst nach und nach bekannt. Dreißigtausend Menschen verschluckte er. Wie, wurde bei vielen Opfern nie aufgeklärt. Es findet sich kaum eine Familie, die keinen Angehörigen auf diese Weise verloren hat. Auf der Plaza de Mayo im Zentrum von Buenos Aires versammeln sich bis heute die *Madres* (Mütter) *de la Plaza de Mayo*. Sie weinen dort um die *Desaparecidos*, ihre „verschwundenen" Kinder. Ihre weißen Kopftücher stellen ein universelles Symbol des Menschenrechtskampfes dar. Diese starken und mutigen Frauen wurden zum nationalen Sinnbild des Kampfes für Gerechtigkeit und legten den Grundstein für eine der wichtigsten Menschenrechtsbewegungen in Lateinamerika. Erst als die Militärgeneräle 1983 beim Krieg um die Falklandinseln scheiterten, konnte die Rückkehr zur Demokratie erzwungen werden.

Zwei erhellende Bücher, die ich jedem nur möglichst nahe legen kann, öffnen Fenster in die Erlebenswelten dieser politisch schaurigen Epoche. Für ihr Werk „Mein Name ist Luz" (Originaltitel: A viente años, Luz), das in sechzehn Sprachen übersetzt wurde, erhielt die Argentinierin Elsa Osorio 2001 den Literaturpreis von Amnesty International. Ebenso sucht eine junge, als Kind von den Militärs verschleppte Frau in Wolfram Fleischhauers Roman „Drei Minuten mit der Wirklichkeit" nach ihrer Identität. Beide Male treiben winzige Ungereimtheiten, die vor allem auf tiefer Gefühlsebene basieren, die Kinder der einstigen Kämpfer für eine gerechtere Gesellschaft an, nach ihrer wahren Herkunft zu fahnden und diese auch zu finden. Anstatt sich abzufinden. Mit ewig offenen Fragen.

Bizarr und eigenartig ist der Bezug, oder besser Nicht-Bezug, der Argentinier zu ihrer Muttererde. Vorfahren kamen aus Europa. Viele wollten zurück, konnten es nicht. Auch Sehnsucht ist vererblich. Vielleicht noch mehr als die Anlage zu profundem sesshaft sein.

Man hat den Eindruck, dass die heutigen Argentinier zwar hier wohnen, aber sich nicht unbedingt mit ihrem Land verbunden fühlen. Ein anfangs seltsam anmutendes, mir bisher nicht begegnetes Lebensgefühl. Die Mexikaner kämen von den Azteken, die Peruaner von den Inkas und sie eben von den Einwandererschiffen, wissen die Menschen am Río de la Plata.

Im Großen und Ganzen ist unser Aufenthalt bisher vergleichsweise unkompliziert. Rein optisch hält man uns kaum je für Ausländer und so ziehen wir keinen besonderen Fokus auf uns. Falls wir wegen unseres Akzentes dann doch als *nicht-von-hier* identifiziert werden, machen wir immer die angenehme Erfahrung, als Europäer geschätzt und willkommen zu sein. In den ersten Tagen muss unser Auftreten dennoch fremder als jetzt gewirkt haben. Man sprach uns sporadisch an und fragte, ob wir Hilfe brauchten. Mit dem täglich größer werdenden Überblick wird unser ganzes Handeln und unsere Art, uns in der Stadt zu bewegen, geschmeidiger, weniger suchend nach Wegen, Läden, Restaurants und *plazas*. Wir fügen uns ein, wie eine neue Pflanze in einer Blumenrabatte. Hat sich ein Neuankömmling akklimatisiert, wird er nicht mehr als frisch verpflanzt erkannt.

An den Wochenenden ist in jedem größeren Park ein Künstlermarkt mit jeweils eigenem Charakter. Das befriedigt ein bisschen mein Bedürfnis nach Kreativität, weil ich zumindest an der anderer teilhaben kann. Selbst zum Malen kommen werde ich kaum neben Job, Familie und all dem Unbekannten, das es zu erkunden gilt.

Das Aussehen der Akteure auf den Märkten ist, wie auch andernorts oft gängig, an den Hippielook angelehnt. Batikklamotten dominieren, dazu zahlreiche Ringe und Zöpfe an allen möglichen Stellen. Brusthaare dürfen wuchern, Achselhaare werden akribisch entfernt. Die hohe Anzahl der Tattoos sticht ins Auge. Jeder kann sich quasi „halbnackt" durch die Stadt bewegen und sie zur Schau stellen. Ganz im Gegensatz zum Hochland Mexikos, wo ich zwei Jahre im Bundesstaat Puebla lebte. Die Lehrerinnen unterrichten in Buenos Aires mit so knappen Trägertops, wie ich sie nicht mal im – in Sachen Kleiderordnung – offenen Deutschland in der Schule anziehen würde. Aber da sich scheinbar ein jeder an der vielen freien Haut immer satt sehen kann, sind die Belästigungen, denen frau ausgesetzt ist, eher selten. Wie unglaublich befreiend und erleichternd nach zwei Jahre lang ertragenem mexikanischem Machismo!

Osterferien gab es keine, aber wenigstens fünf Tage hatte die Schule geschlossen. Raus aus der Stadt und mit dem Bus und kleinkindbedingt ja so sperrigem Gepäck an einen der nächstgelegenen Küstenorte: *San Clemente del Tuyú*. Nach dreihundertdreißig Kilometern erreichten wir ihn an der Atlantikküste, einer von vielen, an denen die Kosmopoliten der Großstadt die Beine hochlegen. Welche Wohltat, saubere Seeluft zu atmen! Der Strand weitläufig und immer windgebürstet. Lieblicheres gibt es im Norden, an Brasiliens bunten Stränden. Aurora plantschte in den Wellen, lachte und lachte und lachte. Abends spazierten wir in die Pampa, die gleich hinter dem Zweihundert-Einwohner-Örtchen beginnt. Dort hatten wir bildlich vor uns, warum das Pampagras diesen Namen trägt: Es wächst, soweit das Auge reicht.

Pampa und Pampagras = „cola del zorro" (Fuchsschwanz)

Mit jeder Querstraße, die man sich vom Strand entfernt, taucht man tiefer ins Weideland. Krasser Stadt-Land-Gegensatz. In der Innenstadt von Buenos Aires werden annähernd Münchener Mietpreise verlangt. Dort, in San Clemente, fragte ich auch nach diesen. Die angesprochene Señora meinte ganz verdutzt, ob denn ihr Einzimmerhaus nur für uns drei wäre? Das sei ja unglaublich luxuriös, wenn wir uns das nicht mit anderen teilten. Es koste im Monat immerhin fünfzig Euro Miete. Sie war gewöhnt, es samt Mitbenutzung des Gemeinschaftsbades an Arbeiter der Strandhotelbaustellen zu vergeben. Trotzdem, es kann nicht schaden zu wissen, dass es solche Optionen gibt. Falls man mal in Umstände gerät, in denen man all sein Geld zusammenhalten will.

Ein Drittel der Argentinier wohnt in der Hauptstadt. Städter und Landbevölkerung kollidieren, so unterschiedlich ist ihr Dasein und allem voran ihr Lebensgefühl. Doch auch innerhalb der Stadt gibt es starke Gefälle. Unser Hausmeister bewältigt gefühlt einen 24-Stunden-Job, weil er sechs Tage pro Woche in seiner winzigen Wohnung im Haus immer erreichbar zu sein hat. Der Wachmann der Schule arbeitet pro Tag vierzehn Stunden, man gibt ihm ebenfalls nur am Sonntag frei. Er meistert damit eine 84-stündige Woche und verfügt drum herum über praktisch keinerlei Freizeit.

Kindermädchen und Haushaltshilfen werden mit zwei bis drei Euro pro Stunde entlohnt. Zeit, um sich weiterzubilden, ausreichend und damit gesund zu schlafen oder den Körper zu bewegen, bleibt so natürlich nicht. Wer von ihren Jobgebern über größere Geldsummen verfügt, versucht immer noch, diese tunlichst außer Landes zu schaffen. Die wirtschaftliche Stabilität ist so unsicher, dass sich die Mittelschicht nur schwer oder gar nicht etwas erarbeiten und aufbauen kann. Eine Kollegin meinte dazu: „Weißt du, wir sind an die Zusammenbrüche des Landes gewöhnt. Wir rechnen mit nichts anderem und leben damit." Man kann sich als Europäer der jüngeren Generationen kaum vorstellen, sein Lebtag lang Situationen ausgesetzt zu sein, welche die eigenen Lebenspläne jederzeit erheblich beeinträchtigen können.

Nachdem 1955 Präsident Juan Perón, dessen Gattin Eva – von ihren Anhängern liebevoll Evita genannt und international gerühmt – abgesetzt wurde, folgten mehrere Regierungswechsel, gepaart mit unterschiedlichen politischen Ideologien. Die Führung des Landes war instabil, so wurde es auch die Wirtschaft. In der ersten Hälfte des 20. Jahrhunderts zählte Argentinien zu den reichsten Ländern der Welt. Sein Abstieg von der ersten in die dritte Welt gipfelte unter Präsident de la Rúa und seiner Mitte-Links-Regierung *La Alianza*. Argentinien versank im wirtschaftlichen und politischen Chaos. Die Bevölkerung verlor jegliches Vertrauen in den Staat.

Um die Kapitalflucht und das Tauschen der Pesos in Dollar zu stoppen, führte der Wirtschaftsminister Cavallo unter de la Rúa 2001 den sogenannten *Corralito*, das Ställchen, ein (corral = Stall). Das bedeutete, dass pro Person und Woche nicht mehr als zweihundertfünfzig Pesos abgehoben werden konnten. Erst als Präsident Nestor Kirchner 2002 mit Unterstützung der peronistischen Wahlallianz *Frente para la Victoria* die Wahlen gewann, konnte sich mit seiner Politik die Wirtschaft und folglich auch das Vertrauen der Menschen in ihren Präsidenten stabilisieren. Langsam ging es Argentinien besser.

Als wir von unserem Kurzurlaub zurückkamen, landeten wir wohnungstechnisch im Desaster. Ich hatte ja schon erzählt, dass unser Apartment bei unserer Ankunft entgegen allen Versprechungen schmutzig und renovierungsbedürftig war. Wir mussten warten, bis der Vermieter vom Urlaub kam, um die Lage mit ihm zu erörtern. Er versprach uns einen frischen Anstrich und einen neuen Teppich. Die Malerarbeiten wurden während unserer Abwesenheit an Ostern gemacht. Die beiden vom Hausherrn dafür angeheuerten Männer haben unsere sämtlichen Möbel und Sachen grob auf einen Berg geschichtet im Wohnzimmer hinterlassen, zusammen mit ihrem ganzen Schutt, einschließlich ihrer Essensreste. Dazu ist alles von einer Staubschicht überzogen, da sie offensichtlich die Wände vor dem Streichen abgeschliffen haben. Der Teppich ist jetzt derart dreckig, dass man davon graue Fußsohlen bekommt. Durch die drei kaputten Fensterscheiben regnet es, wenn wir die Rollos nicht rechtzeitig herunter lassen. Verständlicherweise ist unser Ärger mächtig und das alles kostet unnötig Kraft. Ich war gestern in der Schule elend müde vom endlosen Putzen. Auf weitere lehrreiche Eindrücke dieser Art versuchen wir in Zukunft tunlichst zu verzichten und werden die Dinge nicht mehr in Vermieters Hände legen!

Bisher genießen wir unsere getauschten Rollen, ich zurück im Job und Ron als Hausmann. Außerdem wiegt das allabendlich farblich wechselnde Panorama vor unseren Wohnzimmerfenstern beim Sonnenuntergang so schnell nichts mehr auf!

Wir drei schicken euch ganz, ganz liebe Südamerikagrüße und ihr wisst ja, ich schreibe, wann immer es mir möglich ist!

Gute oder üble Lüfte?

April und Herbstwetter. Argentinisches Herbstwetter. Die Temperaturen steigen mittags noch auf siebenundzwanzig Grad und der Himmel erstrahlt in lichtem Blau. Die Morgen sind etwas frischer und lange Hosen nicht mehr unangenehm. Auch die letzten Urlauber sind zurück aus ihren Feriendomizilen und füllen, beziehungsweise überfüllen, Parks und öffentliche Plätze dieser eng gebauten Stadt. Entweder aalen sie sich in der Sonne oder sie essen Pizza und e*mpanadas* (mit Fleisch, Käse oder Gemüse gefüllte Teigtaschen) aus Kartons und schlürfen dazu Mate.

Abends durchziehen Duftwolken die Straßen der *Stadt der Guten Lüfte*, wie Buenos Aires wegen seiner zuverlässigen, die Luft reinigenden Brisen wörtlich übersetzt heißt. In jedem Garten, Vorgarten, Innenhof und auf jedem Balkon grillt man Rindersteaks. Das Aroma: umwerfend oder durchdringend. Letzteres dann, wenn es einem nicht mehr gelingt, einen Kubikmeter Luft zum Atmen zu ergattern, der nicht von Bratenfett durchtränkt ist. Auch unsere Wäsche wurde in Mitleidenschaft gezogen, wenn sie feucht an der Leine flatterte. Viele Male holten wir sie nach zehn Minuten eiligst in unsere geschlossenen vier Wände. Die Nachbarn unter uns hatten auf ihrem Balkon mit der Essenszubereitung begonnen. Zu intensiv setzte sich der Fleischgeruch im Textilgewebe fest. Doch wir wollten weder unseren Kleiderschrank mit einem Restaurant verwechseln noch unterwegs geruchsbedingt mit den Fleischwaren auf einer Ebene stehen. Trotzdem trägt so ein Rauch-Kohle-Grillgemisch zu einer gewissen Leichtigkeit in der Stimmung bei, verlängert es doch das Sommergefühl, und es hält sich nicht selten, bis am nächsten Morgen der Wecker klingelt.

Seltsamerweise schien die Luft Mitte des Monats immer undurchsichtiger zu werden. Smog, je nach Wetterlage mehr oder weniger, wie wir zunächst glaubten. Aber war die Baumallee, zwanzig Meter vor unserem Haus, schon immer dermaßen graubraun verschleiert gewesen?

„Ihr Argentinier grillt aber unglaublich viel!", kommentierten wir neu zugereisten Deutschen die Luftverhältnisse.

„*Si, si*", antworteten unsere einheimischen Kollegen. „Wir lieben Fleisch!"

Als nach Tagen die Luft immer dicker und dazu die Wohlgerüche von etwas anderem, was man mit Kompost und Gartenabfällen assoziierte, überdeckt wurden, begannen selbst die zahlreichen Raucher unter den Kollegen die Nase zu rümpfen. Jetzt ließen sich auch ihre desensibilisierten Geruchszellen nicht mehr täuschen.

„Das kommt im Herbst manchmal vor", klärten sie uns auf, bis dahin noch recht gelassen. Wehten die Winde über das Río Paraná Delta in Richtung Nordost, bekam Buenos Aires automatisch irgendwann alles zu spüren, beziehungsweise zu riechen, was die Luftmassen mitführten. Und dort, nordwestlich der Stadt, wurde nicht etwa gegrillt, sondern Ackerland „gesäubert".

„Aber das kann doch nicht normal sein, dass Buenos Aires jeden Herbst eingeräuchert wird!"

„*No*, ist es auch nicht. Die Feuer müssen heuer außer Kontrolle geraten sein", wurde im Lehrerzimmer trefflich vermutet.

Am 17. April 2008 betrug die Sicht noch hundert Meter. Gespenstisch erinnerte sie an apokalyptische Filme, an Szenarien von Vulkanausbrüchen. Ein braungelblicher Schleier hing über allem. Grüne Palmen und bunte Blumen wirkten wie auf altvergilbten Fotos. Zungen belegten sich mit einem ekelhaften Film, Augen tränten und Lungen versuchten sich durch einen reflexartigen Schutzmechanismus der stickigen Luft zu verweigern. Automatisch begann man ganz flach zu atmen, verursachte doch jeder Atemzug einen rauen Hals und Hustenreiz. Die anfängliche Gelassenheit war dahin, auch bei uns. Man konnte ja nicht ausweichen. Man musste trotzdem zur Arbeit und in den Supermarkt. Nach und nach drang der Rauch unabwendbar durch nicht zu stopfende sowie geheime Ritzen in die Wohnungen.

Am 18. April glaubte niemand mehr an die „Guten Lüfte". Pressemeldungen gaben erste Fakten bekannt und überall wurde der Zustand diskutiert. Inzwischen standen siebenhundert Quadratkilometer Gras- und Buschland in Flammen. Dreihundert Brandherde hatte man gezählt. Mit Löschflugzeugen sollten sie eingedämmt werden. Das sonnige Wetter arbeitete dagegen, ebenso der anhaltende Nordostwind. Er tunkte die Hauptstadt in eine Rauchwolke von monströsen Ausmaßen. Den ankommenden Flugzeugen konnte auf dem Stadtflughafen Aeroparque keine Landeerlaubnis mehr erteilt werden. Glücklicherweise war auf dem internationalen Flughafen weiter südlich die Sicht soweit frei, dass sie dorthin umgeleitet werden konnten. Zeitweise mussten wegen der sich häufenden Auffahrunfälle die Autobahnen gesperrt werden. Das lähmte dann auch den Linienbusverkehr.

Am 19. April wollte niemand mehr freiwillig auf die Straße, geschweige denn die Fenster zum Lüften öffnen. Die meisten schlossen ohnehin nicht fugenfrei. Es war, als säße man in der direkten Qualmfahne eines immensen Lagerfeuers. Nur konnte man dem Impuls nicht folgen, einfach auf dessen andere Seite zu wechseln. Die einzige Fluchtmöglichkeit wäre gewesen, die Stadt – und damit auch den Job – zu verlassen. Wegen der wahrscheinlichen Konsequenzen tat das bis zu diesem Zeitpunkt noch niemand, obwohl viele, einschließlich uns, am liebsten davongelaufen wären. Fast gruselig-faszinierend mutete die verhangene Sonne an, vor allem bei ihrem Auf- und Untergang. Rauchschwaden veränderten ihre farbliche Erscheinung so, als hätten sie persönlich die Grippe.

Zumindest wussten wir nun von Radio und Zeitung, dass die Landwirte im Herbst regelmäßig ihre Weiden und Felder brandrodeten. Nur hatte in diesem Jahr die Kombination aus Wind und Trockenheit das Ganze „etwas" eskalieren lassen. Der Umweltbehörde warf man vor, zu spät reagiert zu haben. Präsidentin Kirchner bezeichnete es als unverantwortlich, dass manche *campesinos* ihr Land in Brand stecken, um es nicht eggen und pflügen zu müssen. Doch wir sollten noch lernen, dass dieses *Es-wird-schon-auch-mit-geringem-Aufwand-gutgehen* keine Verhaltensweise war, die nur auf die Bauern zutraf oder gar eine Ausnahme war.

Im Moment beschäftigte uns das Auffinden eines Kinderarztes, denn Aurora überstand die Bredouille nicht unbeschadet. Sie hustete besorgniserregend. Das ist in den Lüften von Buenos Aires ohnehin keine Seltenheit bei kleinen Kindern. Die von Kollegen empfohlene Kinderärztin erwies sich als umsichtig und kompetent. Leider lag ihre Praxis ein gutes Stück außerhalb der Innenstadt. Für uns bedeutete das eine Anreise von vierzig Minuten. Die Ärztin hatte mehrere Jahre in Deutschland praktiziert und konnte so unsere Erwartungen einschätzen. Sie verschrieb Aurora ein leichtes Asthmaspray, was zuerst erschreckte, aber zu unserer Erleichterung später kein weiteres Mal benötigt wurde.

Der von der argentinischen Gesundheitsbehörde als nicht toxisch deklarierte Qualm lichtete sich nach drei Tagen. Das verbrannte Grasland schickte in den folgenden Wochen noch ein paar kleinere Ausläufer hinterher. Für die Medien waren sie aber nicht mehr erwähnenswert, sie hielten sich ja im bekannten und allgemein akzeptierten Rahmen. Die am Río de la Plata herrschenden dynamischen Winde walteten zu guter Letzt ihres Amtes. Sie bliesen die Rauchwolke auf die gegenüberliegende Uferseite nach Uruguay, ins zweihundert Kilometer entfernt liegende Montevideo. Dort verursachte sie Ähnliches wie in Buenos Aires, bevor sie sich schließlich verflüchtigte.

Tagelang stand noch erkalteter beißender Geruch in Hauseingängen und Kellern und ließ so die Misere noch eine Weile nachwirken. In Kleidung, Haaren, Papieren, Möbeln, Holzwänden, in allem, was absorbierte, klebten die stinkenden Rauchpartikel. Die Regierung beschuldigte die Landwirte des unverantwortlichen Handelns. Die Bauern schleuderten den Ball mit dem Argument zurück, dass diese Vorhaltungen keinen anderen Zweck hätten, als ihre Verhandlungsposition bei der Erhöhung der Steuersätze zu schwächen. Die Wahrheit umwölkte für alle Außenstehenden, die ihn nicht selbst verursacht hatten oder anderweitig in ihn involviert gewesen waren, *el humo* – der Rauch.

Sauna und Gaucho-Festival in San Antonio de Areco
Mail für unsere Familien und Freunde

Inzwischen ist es Winter geworden, unser erster in Argentinien. Jetzt, im August, hat er seinen Höhepunkt erreicht und wirkt auf uns wie ein langer deutscher Herbst. Die Sittiche in den immergrünen Palmen verhalten sich ruhig, die Laubbäume sind zum Teil kahl geworden und wenn wir morgens aufstehen, ist es noch nicht ganz hell, wenn auch der Sommer-Winter-Unterschied bei den Tageslängen relativ moderat ausfällt. So gut wie alle Tage kann man Sonne tanken und sich in ihr etwas wärmen. Ohne Jacke verlassen wir allerdings nicht mehr das Haus.

Mit dem letzten Wochenende war ein Etappenziel erreicht: Endlich ein weiterer ersehnter Feiertag im ferienlosen Schuljahr, das nun zur Hälfte vergangen ist. Hat man drei Tage, will man raus aus der Stadt, will etwas anderes sehen, will Neuland. Draußen fällt auf, wie gut die Pause von der urbanen Umgebung der Seele tut und vor allem, wie friedsam es ohne die zwei Buslinien ist, die in Belgrano direkt unter unserem Schlafzimmerfenster verkehren.

Diesmal fuhren wir per Mietauto rund hundertfünfzig Kilometer westlich direkt in die Pampa. Wieder eine relativ kurze Entfernung, wieder Lichtjahre entfernt vom Umtrieb in der Hauptstadt. *San Antonio de Areco* gehört zu den Naherholungszielen der *Porteños*, wie sich die Bewohner von Buenos Aires nennen, leben sie doch an einem *puerto*, einem Hafen.

San Antonio de Areco wirkt im Winter, als sei es einfach nur ein kleines Örtchen. Nachts fallen die Temperaturen auf 8°C, mittags liegen sie um die 15°C. Die Häuser sind kaum höher als man selbst. Ab und zu ein kleiner Laden, Reitequipment, Lederwaren, rustikale Möbel, Bilder. Völlig überraschend trafen wir einen *artesano*, einen Kunsthandwerker, der eben *arte*, Kunst, macht. Ich hatte bei ihm in Buenos Aires, im Stadtviertel San Telmo, Ohrringe und einen Silberanhänger gekauft. Mit seiner Familie lebt er in Areco und fährt jedes Wochenende in die Stadt, um dort seine Schmuckstücke anzubieten. Nach und nach ein paar Bekannte – das macht es heimelig.

Halb Baum, halb Wurzelwerk

Rinderrippen am Feuer

Wie es für ländliche argentinische Gegenden typisch ist, werden überall im Freien Rinderrippen gegrillt. Manchmal ist es makaber, wenn bei kleineren Tieren und Ferkeln der Kopf mitschmort. Wir verbrachten trotzdem losgelöst vom Alltag das lange Wochenende *en el campo*, auf dem Land, mit Kühen und Schweinen und mit einem Abend in der Sauna. Welch eine Begeisterung, eine solche Oase vorzufinden! Zwar haben so gut wie alle Landhäuser einen offenen Kamin und die Hotelzimmer sind angenehm beheizt, doch nach dem Winterwind war es herrlich zu schwitzen.

Allerdings wäre das Vergnügen wegen interkultureller Missverständnisse fast nicht zustande gekommen. Noch ziemlich neu im Land, bisher kaum mit etwas anderem als mit meiner Arbeit beschäftigt und folglich mit keinerlei Erfahrung bei Freizeitaktivitäten dieser Art, kam ich nicht wirklich auf die Idee, dass in einer argentinischen Sauna alles anders läuft. Und die Saunabetreuerinnen wollten ebenso wenig erkennen, dass hier einer der seltenen Fremdlinge in dunkler Unkenntnis tappte.

Der Eintritt ist europäisch teuer. Er soll, wie auch in manch anderen Einrichtungen, der Mittel- und Oberschicht vorbehalten sein. Man hat die Wahl zwischen verschiedenen Arten von Durchläufen. Die Frage, ob ich nicht nur ins Hamam und in die Sauna könne, wollte mir einfach keiner beantworten. Gebetsmühlenartig wiederholte die Empfangsdame die möglichen Durchläufe. Sie bestanden in einzelnen Saunenetappen und Ruhepausen. Abweichungen seien nicht machbar. Mir wollte nicht einleuchten, warum das nicht variiert werden konnte! Resigniert entschied ich mich schließlich für den einfachen Durchlauf.

Die nächste Hürde war, dass ich keine Badekleidung mitgebracht hatte. Die sonst so offenen Argentinier zeigen sich wohl doch nicht ganz nackt. Großzügigerweise durfte ich meine Unterwäsche als Bikiniersatz benutzen. Verblüfft stellte ich fest, dass sich meine Einweiserin nicht abschütteln ließ. Sie reichte mir nach dem Duschen sofort den geliehenen Bademantel, geleitete mich dann ins Dampfbad, bat mich nach exakt zehn Minuten wieder heraus und teilte mir anschließend im Ruheraum eine Liege zu.

Komisch. Erst als sie jemand anderen aus dem Ruheraum mitnahm und in die Sauna brachte, fiel der Groschen. Man wird durchgeführt, von Station zu Station. „Damit einem nichts passiert", lautete endlich die aufklärende Eröffnung. Zwei Kunden dürfen nicht zusammen in eine Sauna, da wird ebenso aufgepasst. Man sitzt also alleine und bekleidet. Das Ganze erinnerte latent an ein Krankenhaus, in dem man verschiedene Untersuchungen machen lässt, immer auf einer anderen Station etwas Neues. Aber erholsam und ansprechend war es dennoch. Lachend erörterten meine Begleiterin und ich später die Gründe unserer anfänglichen Verständigungsschwierigkeiten. Jetzt fanden wir die geeigneten Worte!

Auf dem Weg zurück nach Hause sind wir in die Straßensperren der nun schon seit vielen Wochen immer wieder erfolglos streikenden *Campesinos* geraten. Die Autofahrer wurden jedoch freundlich behandelt und einzig und allein mit Flugblättern beladen und der Bitte, diese weiter zu verteilen. Unter Präsidentin Cristina, der Ehefrau und Nachfolgerin des Expräsidenten Nestor Kirchner, waren die Ausfuhrzölle für Soja und auch für Sonnenblumenerzeugnisse drastisch erhöht worden. Argentinien zählt nach den USA und Brasilien zu den größten Sojaproduzenten. Die Nachfrage von China nach Sojaprodukten steigt. Wer am Gewinn des Geschäfts in welchem Maß beteiligt sein darf, darüber konnte zwischen Regierung und Bauernverbänden keine beständige Einigung erzielt werden. Die Bauern laufen immer wieder Gefahr, dass der Großteil ihres Gewinnes durch den hohen Steuersatz von der Regierung abgeschöpft wird.

Mit virtuellen Umarmungen für euch alle, und echten bald für die, die uns besuchen!

Straßensperre der Landwirte

Nachtrag

Nach San Antonio de Areco fuhren wir fortan jedes Jahr im November, zum *Día de la Tradición*, dem sensationellen Gaucho-Festival, bei dem einem die Augen übergehen vor Reiterlust, Pferdestärke, Geschicklichkeit und Grillfleisch. Sämtliche Pferdehalter der Pampaweiten strömen herbei. Jedes Team führt seine Dressurstücke vor und wenn am Schluss alle gemeinsam ihre Pferde über den großen Parcours treiben, quillt ihre gesammelte Kraft wie ein rosshaariges Energiefeld über die Reitfläche. Wahrlich eine mitreißende und bewegende Darbietung!

Bei den Paraden sitzen selbst die Kleinsten in den Sätteln. Stolzgeschwellt lassen sich die Gauchos bewundern und posierend ablichten. Für Gäste und Reiter steht eine enorme Auswahl an Zubereitetem auf Grills von mehreren Quadratmetern zu Verfügung. Alkohol wird literweise geschluckt. Er verzerrte wohl die Wahrnehmung eines Junggauchos. Wir waren gerade mit dem Mittagessen fertig, als er sich frontal an mich wandte:

„Ich will dich einladen. Wann hast du Zeit?" Sein Grinsen: breit und lüstern. Sein Atem: abstoßend.

„Ich bin mit meiner Familie da!", antwortete ich ihm und deutete dabei auf Ehemann und Kind mit mir am selben Tisch.

„Ach! Dein *Bruder* wird dich sicher nicht vermissen. Er ist doch mit seiner Tochter beschäftigt."

„Das ist nicht mein Bruder!"

„Ich weiß, du bist schüchtern. Soll ich mal ihn fragen, ob du heute bei mir im Zelt übernachten kannst?"

Mein „Bruder" hatte mit seiner Tochter gemalt und zuerst das lallende Spanisch nicht beachtet. Als die Absichten des Galans unübersehbar wurden, durchbohrte er ihn mit Blicken. Sie wirkten. Seine Ehre hatte der Reiter nicht ganz weggesoffen. Er trat den sofortigen Rückzug an und erlöste mich gnädig von weiteren prickelnden Aussichten.

Gauchos am "Tag der Tradition"

Argentinischer Grill = Parrilla

Mir wird nie in den Kopf wollen, welche überdimensionale Selbstüberschätzung (in abgrundtiefer Verzweiflung?) Männer dazu treibt, sich in erbärmlichen Zuständen Frauen zu nähern. Plumpe Auftritte vernichten eventuelle Chancen bei späteren Begegnungen doch schon im Vorfeld. Selbst wenn sich der Herr dann in einer besseren Verfassung befindet, weiß jede Frau, die eins und eins zusammenzählt, dass der nächste Aussetzer dieser Art nicht weit liegt. Das soll nicht falsch verstanden werden: Feiern soll der Mann! Ausgelassen, lustig, entfesselt, haltlos. Nur uns (nüchterne) Frauen bitteschön von sich verschonen, so lange er stinken, grölen und grobschlächtig sein will!

Früher galten die Gauchos oft als Banditen, heute idealisiert sie die Folklore als tugendhafte und ungebundene Helden. In der Geschichte durchliefen sie beide Extreme. Einst waren sie freiheitsliebende Reiter der Pampa, der (zweifelhaft freiwilligen) Verbindung von Spaniern mit indigenen Frauen entsprungen, heute sind sie sesshafte Viehzüchter. Man erlebt sie als Bindeglieder zwischen reiner Natur und Städtern, als eine Art „Zwischenwesen". Lange waren sie den Indigenen näher als den Weißen. Von ihnen stammt das Handwerk des Lasso-Werfens und der *boleadoras*, Schleuderkugeln, mit denen flüchtende Tiere zu Fall gebracht werden. Heute Stiere zum Brandmarken, damals Nandus, Guanakos und Wildrinder. Kein traditionelles Fest kommt ohne Gauchos in ihrer Tracht aus. Sie sind zweifellos das romantische, männlich-herbe Sinnbild Argentiniens. José Hernández besingt dieses in seinem Gedicht *Martín Fierro* (1872) und appelliert an ein solidarisches, gerechtes Miteinander. Es gilt als Argentiniens Nationalepos.

Piojos – una cosa normal – eine ganz normale Sache

Kopfläuse seien gang und gäbe an der Schule, wurde mir gleich in meinen ersten Wochen zugeraunt. Ich horchte auf und vergaß das wieder. Im Berg der zu bewältigenden Aufgaben wurde diese unangenehme Vorstellung ganz schnell wieder nebensächlich. Nur manchmal streifte sie mich noch, wenn ich meine Schüler während Klassenarbeiten in Augenschein nahm und mir die durchwegs langen wallenden Haare der Mädchen, zum Teil auch der Jungen, anschaute. Einen Anflug von Neid konnte ich nie unterdrücken, hätte ich doch selbst gerne solch ein Haarvolumen. Dafür tröstete ich mich mit der wesentlich leichteren Kämmbarkeit und viel geringeren Pflegeintensität meiner mitteleuropäischen Strähnen.

So wenig erstrebenswert es war, das Thema Läuse sollte uns einholen, und zwar unausweichlich, als unsere Tochter in den Kindergarten kam und wir die unliebsamen, völlig ungefährlichen, dafür umso lästigeren, zugegeben ekligen Haustierchen aus blanker Unerfahrenheit viel zu lange übersahen.

Meine Kopfhaut juckte, seitlich, im Nackenbereich. Seltsam, plötzlich schien ich mein Shampoo nicht mehr zu vertragen, wie ich glaubte. Ich wechselte es. Sonderbar, dass keine Besserung eintrat. Dann musste es wohl am Haarschaum liegen.

Die Tage zogen dahin. Im Kopf einen Katalog von Dingen, die erledigt werden mussten, auf dem Kopf eine Legion unentdeckter Läuse und keine Zeit, um mich genauer um den vermeintlich nebensächlichen Juckreiz zu kümmern. Ich war die ideale Zapfsäule. Täglich klebten mehr Nissen an meinem Haaransatz, weißliche Nymphen schlüpften zu Dutzenden und färbten sich dunkel mit der ersten Blutaufnahme. Aber gewiss wanderten sie auch auf Köpfe ab, die meinem zu nahe kamen. Wäre ich als Kind schon einmal betroffen gewesen, hätten die Alarmglocken sicherlich wesentlich früher geläutet. Doch so taten sie es erst, als ich mir zu Hause beim Frühstück zufällig ein Tierchen aus der Frisur fischte. Dank Internet war es schnell identifiziert. Klar, dass eine verlauste Lehrerin wohl kaum in die Nähe ihrer Schüler kommen sollte. Meinte ich.

Szenen vor und im Kindergarten

In der Schule war noch niemand erreichbar, deshalb sollte mich eine Kollegin entschuldigen. Dass ich genau diese eine ans Telefon bekam, die sich bereits auskannte, war mein Glück. Sie erklärte mir nämlich, dass Läuse absolut kein Grund zum Fehlen seien. Aber die Vorstellung, alle meine Schulstunden an diesem Tag mit dem Gefühl zu halten, dass auch nur ein einziger die Viecher zwischen meinen Haaren spazieren sehen könnte, oder gar eines auf den Tisch vor mir stürzte, war mir schlichtweg unerträglich. Schließlich meldete ich mich etwas später direkt an der Schule mit „akuter Magen-Darm-Grippe" krank.

Ron machte sich auf den Weg, um schnellstmöglich die wirksamsten Utensilien zur Ungetierbekämpfung einzukaufen: Läusekamm und -mittel. Die bloße Aussicht, wahrscheinlich selbst befallen zu sein, ließ es bei ihm nun auch kribbeln.

Der Beipackzettel des Lausgiftes war bemerkenswert. Die darin beschriebene Resistenz der Insekten hatte nichts mit der zu tun, die im weltweiten Netz nachlesbar ist. Dort heißt es, für eine Laus wäre es ein Todesurteil, wenn sie länger vom menschlichen Körper entfernt bleibt, da sie binnen Stunden austrocknet. Nissen an ausgefallenen Haaren entwickeln sich ohne die konstante Körperwärme des Menschen nicht weiter. Man müsse demnach nicht befürchten, sich an Kissen und Kleidung zu infizieren. Die Übertragung erfolgt ausschließlich von Mensch zu Mensch.

Dem Zettel aus der argentinischen Apotheke war dagegen zu entnehmen, dass man unbedingt sämtliche Textilien der Wohnung entweder kochend heiß zu waschen oder 48 Stunden einzufrieren hätte. Außerdem bräuchte es unsägliche Mengen des Toxikums, mit denen man dann nicht nur den Kopf, sondern am besten die ganze Wohnung tränkt. Genauso, wie es in den mir bekannten Regionen Lateinamerikas gängig ist, einen Schnupfen mit Antibiotikum zu behandeln, geht man ein paar kleine Insekten an, als handele es sich um eine Invasion von Kakerlaken in einer Großküche. Man könnte auch eine Kerze mit einem Eimer Wasser löschen. Verschwunden wäre ihre Flamme dann garantiert, nur dürfte man sich danach nicht über die Wasserschäden der Umgebung beklagen.

Wir zogen die Behandlungsvorschläge aus dem Internet vor und kämmten die Tierchen erfolgreich in wenigen Durchgängen komplett von unseren drei Köpfen. Die *Pediculus humanus capitis* ist ein schwächliches Dingerchen. Wer sie sich je über eine Tischplatte quälen sah, wird das bestätigen. Nach wenigen Zentimetern schon streckt sie entkräftet ihre wirksamsten Waffen, ihre Klauen. So geeignet diese dafür sind, sich am Haar festzuhalten und auf andere Köpfe (nur bei Tuchfühlung!), umzusteigen, so ungeeignet sind sie für das Zurücklegen von Strecken außerhalb davon.

Läuse weg – Juckreiz auch? Bestimmt kann jeder, der selbst einmal in dieser misslichen Lage war, nachfühlen, dass man das Kribbeln erst mit der Zeit vergisst und bis dahin immer wieder, fast zwanghaft, nachspürt, ob da nicht doch noch etwas auf dem Haupt haust.

Der Befall wurde von uns noch am Tag des Entdeckens im Kindergarten gemeldet, nur blieb dort jegliche Reaktion darauf aus. Man nahm ihn als geläufigen und alltäglichen Umstand zur Kenntnis. Einzuschätzen lernte ich dieses beim Gespräch mit meinen einheimischen Kollegen. Sie erklärten mir, dass ihre Kinder routinemäßig ab und zu gekämmt würden, jedoch im Grunde mit Läusen lebten. Woah!

Wir staunten fast schon, als nach Wochen dann doch noch eine Aufforderung des Kindergartens kam, in der es hieß, man solle sich bitte darum kümmern, die Kinder ohne Läuse und Nissen zu den Spielstunden zu bringen. Praktisch alle Mädchen und Jungen aus Auroras Gruppe waren inzwischen betroffen.

Wir konnten uns des Gedankens nicht erwehren, dass uns die Läuse lediglich als Beispiel des Umgangs der Argentinier mit mancherlei „Lebensumständen" dienten. Wie lange konnte etwas ignoriert werden? Welche Dimension musste ein Problem erreicht haben, um unübersehbar genug zu sein, damit es die Verantwortlichen zum Handeln zwingt? Und um wie viel größer war dann der damit verbundene Aufwand, als er beim früheren Einschreiten gewesen wäre! Oder waren gar andere Baustellen vordringlicher, als die, die kleine Krabbeltiere verursachten?

Wenn wir auch bei uns die *piojos* vorerst ausmerzen konnten, war dieses Kapitel noch nicht zu Ende. Der Rückumzug nach unseren insgesamt drei argentinischen Jahren fand im Februar statt, vom Hochsommer in den tiefsten Winter, von neunzig Prozent Luftfeuchtigkeit in trockene Frost- und Heizungsluft. Nicht anormal, dass selbst Haut und Haarwurzeln bei einem solchen Klimawechsel irritiert reagieren konnten.

Dieses Mal kontrollierten wir allerdings sofort und wurden wieder fündig! Kindergarten und Schule in Buenos Aires waren längst beendet, wir waren im Urlaub gewesen und hatten danach bloß noch ein paar Tage in der Stadt verbracht, in denen wir die letzten Formalitäten erledigten. Einige Stunden auf dem Spielplatz waren inbegriffen, samt dem Spielen und innigen Abschiedsumarmungen mit den wenigen Kindergartenfreunden, die nicht verreist waren. Selbstredend genügte das für eine neue Invasion.

Nach solchen Erfahrungen würden wir keinem je Vorhaltungen machen, der Nissen oder Tiere an Kopflehnen von Flugzeugen hinterlässt, taten wir es vermutlich selbst, wider besseres Wissens, und rückblickend immer noch äußerst peinlich berührt davon. Übrigens sind wir in Deutschland immer lausfrei geblieben, trotz des Auftretens ortsansässiger Kindergarten- und Schulläuse. Man hält in *Alemania* Abstand. Ein Vorteil von Distanz, endlich einer!

Frühjahrsferien im September auf der Halbinsel Valdés

Rundmail an Verwandte und Freunde

Im September beginnt das Frühjahr am Río de la Plata und wenn ich in den letzten Wochen in den Ferienkalender schaute und die Septemberferien eingetragen sah, überkam mich Herbststimmung. Ich wünschte mir, warm in eine Decke eingewickelt mit heißem Tee und einem Buch auf dem Sofa zu liegen.

Pinguin-Bruthöhlen in Punta Tombo

Schaute ich von meinem Terminplaner auf, bemerkte ich Vogelgezwitscher und allerlei Knospen und Blüten. Komischer Kontrast. Auf der Plaza Castelli um die Ecke – wir besuchen sie wegen des Spielplatzes täglich – wächst und duftet der Salbei büschelweise.

Konditionierte Assoziationen zu Daten haben sich in meinem Kopf noch nicht gelöst und den umgekehrten Jahreszeiten der Südhalbkugel angeglichen. Der Kalender sagte mir: Herbst. Die Natur: Frühling – und damit eindeutig März. Wir bewegten uns auf das Schuljahresende zu und hatten die letzte Unterbrechung vor dem Endspurt erreicht.

Wer Neues erleben will, muss in Gegenden reisen, die bisher nicht in seinem Fokus lagen. Auf die Erkenntnis stießen wir im tiefen Süden, im Bundesstaat Chubut auf der Halbinsel Valdés und drum herum. Als Fans der heißen Länder wären wir nicht unbedingt auf die Idee gekommen, nach Patagonien zu fahren, läge es nicht praktischerweise vor unserer Haustür. So aber machten wir in der kurzen Woche Frühlingsferien nach europäischem Empfinden eine enorme Tour in Bezug auf die zurückgelegten Entfernungen in der relativ kurzen Zeit. Ein Argentinier sieht solches gelassen, ist große Distanzen im weiten Land gewöhnt. Die geraden Straßen und der teilweise kaum vorhandene Verkehr ließen uns 3700 Kilometer in acht Tagen, trotz der natürlich etwas anstrengenden Fahrt, problemlos und relativ entspannt bewältigen.

Längst nicht so kalt wie erwartet, mit weitaus trockenerer Luft als in Buenos Aires und mit wesentlich anregenderen Landschaftsfarben als in unserer Vorstellung, erreichten wir nach zwei Anreisetagen mit Zwischenübernachtung das nördliche Patagonien. Bei teilweise nicht mehr als drei Einwohnern pro Quadratkilometer trifft man ihrer wenige. Man darf in diesen Gefilden die Natur unverstellt aufsaugen und wir waren nicht die einzigen, die diesem Bedürfnis nachkamen. Beim Gespräch mit Laden- und Cafébetreibern findet man unter ihnen erstaunlich viele Ex-Hauptstädter. Sie wünschten sich eine ruhigere und natürlichere Lebensweise, als die Hektik der Stadt ihnen bietet, und waren deshalb umgesiedelt.

Frühlingsblüten trieben an allen Ecken und Winkeln und jede Menge Tiere faszinierten. Völlig anders waren sie als der uns bisher vertraute bunt gemischte Artencocktail aus Schmetterlingen, Fröschen, Spinnen, Vögeln, Äffchen, Nagern. Während unter diesen immer alles wuselt und unzählige unterschiedliche Individuen auf nur einem Quadratmeter zu finden sind, bleibt in Patagonien jede Art fast ausschließlich unter sich. Pinguinkolonien, See-Elefantenstrände und im Wasser ihre Jungen hegende Wale, jeweils große Anzahl derselben Tiergattung sind auf einem Strandabschnitt angesiedelt, bis ein weiterer mit einer neuen Art folgt.

Unsere Anreise führte zunächst direkt in die Pampa, nach Santa Rosa, bevor wir uns geradewegs in Richtung Süden hielten. Schon manches Mal hatten uns reisende Freunde Bilder von ebenen Salzseen geschickt, aber nie beschrieb uns jemand deren Konsistenz. Welche Vorenthaltung! Auch deshalb konnten wir nicht widerstehen, eine für den Salzabbau zu unbedeutende kleine Salzebene zu inspizieren. Sie befindet sich direkt an der Ruta 35. Die mineralhaltige Erde schwitzt in diesem Landstrich das „weiße Gold" in feuchten Niederungen aus. Man läuft auf einer relativ dünnen Schicht und kann nicht anders, als an Neuschnee zu denken. Die Weite verführt, Wonne reißt einen mit, man mag sich ihr hingeben, rennt, fliegt mit ausgebreiteten Armen über die Fläche zwischen Himmel und Erde und sprüht in intensiver Lebendigkeit.

Bis man einsackt und erschrocken kehrt macht, keinesfalls als versunkene Salzmumie enden will. Die Hinweisschilder übersehen hat, ab wo die Oberfläche weich wird. Darunter ist es matschig, faulig, morastig. Aber es duftet trotzdem besser als der Smog der Großstadt!

Salzsee bei Santa Rosa

Etwas südlich der Halbinsel Valdés liegt das Reservat *Punta Tombo*, wohin die Magellan-Pinguine locken. Sie haben im Vergleich zu anderen Pinguinarten relativ dünne Federn und wenig Speckschicht. Zum Überwintern schwimmen sie nach Norden, manche bis an die Küsten Brasiliens. Zum Brüten bleiben sie der Heimat so treu wie die deutschen Stare und Störche. Die Männchen erreichen die Küsten früher und warten dort auf ihre Weibchen. Mit welchen sehenswerten Anstrengungen sie sich aus den Wellen strampeln und sich immer wieder in der Brandung hin- und hergerollt an den Strand mühen! Dann watscheln sie drauflos und graben eine Bruthöhle für ihre Auserkorene. Es ist fast, als schlüpften sie in diesen Pinguinfeldern aus der Erde wie Meeresschildkrötenbabys an Sandstränden. Sie sind so komplett mit sich selbst beschäftigt, dass sie die Besucher um sich für kaum registrierungswürdiger halten als Sträucher und Felsbrocken.

Magellanpinguin

Diese Pinguine sind ohnehin bekannt für das Fehlen jeglicher Scheu. Ein prächtiges Gefühl, ihnen aus nächster Nähe ganz direkt in die Vogelaugen zu schauen. Zu versuchen, sich hineinzuversetzen, sei es nur für einen Moment. Zu erahnen, wie sich ein Pinguin fühlt. Wie er schwimmt, wie er jagt und wie er zu nisten und zu brüten beginnt. Sich seine Version, seine Wahrnehmung der Wassermassen des Südatlantiks vorzustellen, kann auch ein Fragmentchen zum Ausbau des eigenen Empfindungsvermögens sein. Macht man sich neben den Pinguinen auf dem Boden klein und bewegt sich langsam und behutsam, lassen sie sich vertrauensselig sogar anfassen. Ihre Federn sind weich, glatt, flauschig.

Im Naturpark sind die Wege genau für die Besucher ausgewiesen. Wer sich nicht an die Markierungen hält, sind die Vögel. Eben weil sie auch auf den Beobachterpfaden Höhlen graben und zwischen den Menschen spazieren, ist es ganz einfach, sie auf einzigartigen Fotos zu platzieren. An den Küsten Argentiniens zählt man sechshundertfünfzigtausend Brutpaare, weitere hunderttausend auf den Falklandinseln. Die Weibchen brüten im Alter von vier Jahren zum ersten Mal, die Männchen mit fünf. Von den meist zwei Küken wird immer das um vier Tage ältere erstgeschlüpfte Küken bevorzugt. Damit hängt das Überleben des zweiten von der Fisch-, Tintenfisch- und Krillmenge des aktuellen Jahres ab.

Die Bartenwale (*ballena franca austral*) sind jetzt derart nah an den Küsten, dass man ihre Flossen vom Strand aus den Wellen ragen sieht. Die Kolosse drehen sich um ihre eigene Achse und hätscheln ihre Jungen. Manche Bäuche sind noch dick und prall, und das sich ankündigende Baby ist noch nicht geboren. Schwarzweiß ragen die mütterlichen Rundungen in Rückenlage aus dem Wasser, während die restliche Walhaut schwarz glänzt. Durchschnittliche siebzehn Meter messen die Weibchen.

Wie ungewohnt, das Wasser voller extravagant riesiger Lebewesen zu wissen! Wohl, weil einem sonst eher Fische und Meeressäuger überschaubarer Größen unterkommen.

Bartenwal beim Abtauchen = Ballena Franca Austral

Wie langsam sie sich in den Wellen bewegen! Ihre Flossen gehen im geeigneten Fototempo auf und nieder. Die auf Bildern so begehrte

Schwanzflosse erhebt sich nur beim Abtauchen aus dem Wasser. Natürlich machten wir auch die schier obligatorische Bootstour.

Die wenigen Anbieter auf Valdés unterscheiden sich so unwesentlich in Preis, Fahrtgebiet und -dauer, dass es hinfällig ist, seine Zeit mit dem Abklappern verschiedener Agenturen zu vertun. Wohin sie einen auch bringen, es lohnt sich allemal!

An den Sandstränden liegen wie rundgestopfte Würste Gruppen von See-Elefanten (*elefantes marinos*), atmen wie hohle Fässer und prunken neben ihrer Wuchtigkeit zusätzlich mit ihrem Imponiergehabe. Ihr Name rührt von der Schnauze der Männchen. Sie wächst bis zum achten Lebensjahr und hängt dann rüsselähnlich über dem Maul. Babys saugen an den Zitzen der Mütter, nur kam uns keines direkt vor die Kamera. Und ratsam ist es gewiss nicht, für eine Ablichtung zwischen den lebendigen Walzen herumzuwandern.

Die Bullen erreichen dreieinhalb Tonnen und messen sieben Meter. Sie bewachen ihren Harem aus zehn bis zwanzig Kühen. Halb so groß wie die Bullen sind die Kühe mit ihren neunhundert Kilos, „zarter", sofern dieses Wort überhaut bei solchen Kolossen verwendet werden kann. Die Mütter sind vorsichtiger mit ihren Kindern. Ihnen passiert es nicht, dass sie gelegentlich ein Kalb erdrücken. Diese Gefahr geht nur von den Vätern aus. Eine enorme Speckschicht wappnet beide Geschlechter vor der antarktischen Kälte. Zudem stellt sie das große Blutvolumen sicher, das für manchmal mehr als zweihundert Meter tiefe Tauchgänge auf der Jagd nach Tintenfischen und Fischen den nötigen Sauerstoff speichert.

Beim Fahren durch die offene Landschaft spazieren Nandus, Guanakos und Gürteltiere über die Straßen und alle Nase lang entdeckt man Ansammlungen von roten Fähnchen. Sie säumen die mit allerlei Schnickschnack dekorierten Altäre zu Ehren des Volksheiligen *Gauchito Gil* (*kleiner Gaucho Gil*). Er war ein Landarbeiter und wurde circa 1840 als Antonio Mamerto Gil Núñez in Mercedes in der Provinz Corrientes geboren.

See-Elefant, junger Bulle

Ofrenda = Altar für Gaucho Gil

Seine Liebe zu einer reichen Witwe wurde ihm zum Verhängnis, denn ihre Brüder waren gegen ihn. Er flüchtete sich in die Armee, desertierte, und wurde manchen Legenden zufolge zu einer Art Robin Hood der Wälder, in denen er sich versteckt hielt. Wie der europäische spätmittelalterliche Freiheitskämpfer stahl Gil den Reichen und verteilte die Beute unter den Armen.

Als er gefasst wurde, prophezeite er seinem Henker, dass dessen schwerkranker Sohn gesund werden würde, wenn er zu ihm, dem bald Toten, betete. Der Scharfrichter vollstreckte das Urteil, tat allerdings auch, was Gil ihm geraten. Der Sohn genas und aus Dankbarkeit errichtete die Familie dem neuen Volksheiligen seinen ersten Schrein.

Manchmal kommt es zu einer Konstellation, und mag sie noch so abwegig sein, ihrer Ironie entgeht man nicht. Drängt sie einem doch eine ulkige Vorstellung auf. Hotelbesitzer müssen regelmäßig Pfützen putzen, die tropfende Wäsche hinterlässt. Um dem vorzubeugen, hängen sie Verbotsschilder in die Räume. Kleidung hat dort nicht gewaschen zu werden, man kann sie an der Rezeption abgeben oder im Waschsalon nebenan. Welche Lösung der Gast auch immer wählt, um sein verschmutztes Gewand zu säubern, er darf sie nicht im gemieteten Zimmer ausführen.

Auf einem Zettel in einer unserer Herbergen stand (die Sprachrichtigkeit bitte nicht beachten): *No washing clothes*, und jetzt kommt's: *in toilette*. Das Bad war gemeint, ohne Zweifel, doch hing das Papier direkt über der Kloschüssel. Was da also denken? Wie nicht schallend auflachen darüber, wo genau man was nicht tun darf!

In fast jeder noch so kleinen Stadt, in die man einfährt, strahlt die Leuchtreklame eines Casinos. Je entlegener die Gegend, desto größer das Bedürfnis, sich zu vergnügen? Wenn die Ausmaße der Gebäude auch nicht mit denen von Las Vegas vergleichbar sind, stechen sie trotzdem ins Auge.

Wir haben das Gefühl, zwar eingetaucht zu sein, uns aber trotzdem erst wenige Zentimeter unter der Oberfläche zu befinden. Der argentinischen, die wir zur Preisgabe ihrer Geheimnisse zu überreden versuchen.

Hotelanweisung

Wir ersehnen jetzt das Ende des Schuljahres Anfang Dezember, um mit einer großen Reise in gemächlicherem Tempo zu starten, und zwar dann hoffentlich mit eigenem Auto. Gar schaurig zahlreiche von uns ausgefüllte und in der Deutschen Botschaft eingereichte Formulare und Anträge fechten die Schlacht eines Papierkrieges mit den argentinischen Behörden dafür aus. Er sollte bald, mit allen geforderten Genehmigungen für den Erwerb eines Wagens, beendet sein.

Wie herrlich ist es, sich seine Träume zu erfüllen! Wie dankbar macht es! Wie sehr kann es nur jedem Einzelnen empfohlen werden! Dass er in sich hört, erkennt, bejaht, und handelt!

Herzlich beschwingte Grüße!

Führerschein und Autokauf

In Buenos Aires kursieren rund vierzigtausend Taxis, das entspricht in der Innenstadt einem Verhältnis von einem Taxi auf gut siebzig Einwohner. Im Vergleich dazu teilen sich in New York sechshundertachtzig eines. Die Preise sind moderat und trotz lascher Kontrollen der Lizenzen sind diese Fahrten relativ sicher. Uns selbst kam kein Überfall in einem Taxi zu Ohren, obwohl derlei Meldungen hin und wieder auftauchen.

Die Busse, *colectivos* oder *micros* genannt, werden von privaten Firmen betrieben. Um die hundertfünfzig Linien bringen die Passagiere bis spät in die Nacht praktisch überall hin. Zu Hauptverkehrszeiten erwarten die Fahrgäste – der verstopften Straßen wegen – keine Pünktlichkeit. Lästig ist es trotzdem, wenn man zwanzig Minuten an einer Haltestelle steht, nicht wegkommt, und sich hernach gleich drei Busse derselben Linie hintereinander drängelnd nähern. Als Kompensation kann man sich dann wenigstens den Bus mit den wenigsten besetzten Plätzen aussuchen.

Die dieselbetriebenen Vehikel sind eine Krux. Sie verpesten die Luft mit Schadstoffen und ohrenbetäubendem Lärm. Um diese Situation zu verbessern, wird das U-Bahnnetz, genannt *Subte* (von *subterráneo*), etappenweise erweitert. Derzeit umfasst es vierundsiebzig Stationen und befördert täglich 1,3 Millionen Personen. Eine drastische Fahrpreiserhöhung 2011 wirkte sich allerdings kontraproduktiv aus, wenn sie auch nur den zahlenstarken Schichten mit geringem Einkommen Probleme bereitet. Sie strebten alsgleich wieder an die Oberfläche und in die Busse. Bei unserer Ankunft bezahlten wir für eine Kurzstrecke von vier Stationen zwanzig Eurocent, bei unserer Ausreise waren es fünfzig. Die erste Strecke der *Subte* ging 1913 in Betrieb und war damit die dreizehnte U-Bahn auf dem Globus.

Bevorzugt, wenn auch nicht so zielgenau wie mit Bus und *Subte*, bewegten wir uns mit den innerstädtischen Eisenbahnlinien fort. Während der Fahrten kann man sich bei mitfahrenden fliegenden Händlern mit Aufklebern, Kugelschreibern, Taschenlampen, Süßigkeiten, zweifelhaften Vitaminpräparaten und sonst noch allem möglichen Kleinkram eindecken. Oft äußerst unterhaltsam sind ihre detailliert kreativen Verkaufsreden, mit denen sie ihre Ware anpreisen. Das geht so weit, dass die Feilbieter die aufgedruckten Inhaltsstoffe auf Keksverpackungen vorlesen und kommentieren, als nahrhaft deklarieren, als gesund und dreisterweise als vitamingeladen.

Am liebsten waren mir die Sänger. Mit Gitarren, Flöten und bisweilen sogar Akkordeons balancieren sie in den wackligen Zügen und machen manche Strecke kurzweilig, selbst wenn sie grölen, krächzen und ihre Instrumente leiern. Die melodiöse Komponente denke sich, wer will – ich will! – dazu. Und führe sich vor Augen, dass jeder freundlich behandelte Musiker ein Dieb weniger sein kann. Besser, ihn für seine Darbietung mit ein paar Münzen zu entlohnen, als ihn dazu zu treiben, der Kleinganoverei anheim zu fallen, wenn die Subte-Fahrten zu unlukrativ sind, um ihn zu ernähren. Lieber mit einem schlechten Sänger zurechtkommen, als die Nachwirkungen eines Taschendiebstahls auszubaden!

Auch nach etlichen Monaten im Land sagt einem hartnäckig die alte Gewohnheit bei den kleinen Zügen, mit Türen nur auf einer Seite, rechts einzusteigen. Gedankenverloren wundert man sich erneut darüber, dass sie von „der falschen Seite" her am Gleis einfahren. Freilich hat das seinen Grund: Die englischen Eisenbahnkonstrukteure behielten den Linksverkehr ihrer Heimat auf den Schienen bei. Das wäre weniger irritierend, wenn nicht auf den Straßen Rechtsverkehr herrschte.

Überlandzüge fahren kaum woanders hin als in die großen Badeorte südlich der Stadt. Sie sind langsam und ohne Komfort. Überlandbusse wären eindeutig zu bevorzugen, gäbe es nicht das Problem, dass die Busbahnhöfe zu Beginn eines jeden langen Wochenendes zum Bersten überfüllt wären. Kaum möglich, sich durch die Menschenmassen zu seiner Abfahrtsstelle zu kämpfen! Die Busse selbst können die Bahnhöfe kaum mehr verlassen. Schaffen sie es dann doch, stehen sie auf den umliegenden Straßen im Stau. Manches Mal verkürzt sich so für den Reisenden ein Dreitageswochenende um einen halben oder gar um einen ganzen Tag. „Wir sind das gewöhnt", winkten meine Kollegen ab.

Dreizehn Millionen Einwohner, Verkehrsregeln, die von den Straßenbenutzern oft nur als Vorschläge verstanden werden, anstatt als unbedingt zu befolgende Gebote. Autodiebstähle, Schereien mit Behörden und Polizei – und trotzdem ein Auto, um damit eigenständig im Zentrum auf der *Avenida 9 de Julio*, der breitesten Straße der Welt, zu fahren? Ja!

So lautete letztendlich unsere Entscheidung, die sich aus zwei Urlauben mit Leihwagen und Bussen entwickelt hatte. Auch wenn es Hürden zu überwinden gab, konnte kein Bus und kein anderes öffentliches Verkehrsmittel die Möglichkeiten eines eigenen fahrbaren Untersatzes aufwiegen. Überall anzuhalten, jedes noch so kleine Dorf besuchen zu können, das musste sein! Sowie uns in der Stadt ohne längere Wartezeiten auf Linienbusse fortzubewegen.

Wenn man sich nach einigem Beobachten ins örtliche Verkehrsgeschehen einfädelt, gewahrt man eine andere Art zu fahren. Weniger starr als in Deutschland, mehr gelegenheitsorientiert. Wo Platz ist, darf er genutzt werden. In Stoßzeiten macht, wer kann und will, auf eigentlich zweispurigen Straßen kurzerhand eine dritte Spur auf. Peilt man um die Feierabendzeit auf den zulaufenden Autobahnen die Hauptstadt an, werden anstandslos die Mautschranken geöffnet. Ein vorausgehendes Hupkonzert ist der Auslöser. So lassen sich die größten *embotellamientos* vermeiden. (Ich mochte das Wort von jeher. Man stelle sich bei ihm eine geschüttelte Flasche vor, *una botella,* mit Sekt. Die aufsteigenden Bläschen verstopfen drängend den Flaschenhals, wie Fahrzeuge eine Straße, und quellen im Überdruck aus der Öffnung.) Der Verkehr beginnt schrankenlos wieder zu fließen, ohne dass weiterhin Maut kassiert wird. Die Ersparnis fiel dabei in unserer Zeit für den Einzelnen kaum ins Gewicht, sie belief sich auf fünfzig Eurocent.

Solches Agieren und die Fähigkeit, im Augenblick Regeln einfach Regeln sein zu lassen, um das Leben aller zu erleichtern, sucht man andernorts oft vergebens. Ich denke – schon rückeingewandert – beispielsweise an die heißen Augusttage im Sommer 2012 in Deutschland. Sie brachten die Klimaanlagen vieler ICEs zum Erliegen. Die Fahrgäste waren bei fest verschlossenen Fenstern stundenlang Temperaturen über dreißig Grad ausgesetzt. Hinterher wurde x-fach diskutiert, wie die Situation hätte vermieden werden können und wer an allem die Schuld trägt. Keiner der Bahnbeamten hatte es gewagt – verständlicherweise! – in den Abteilen Mineralwasser aus dem Bordrestaurant zu verteilen. Zu groß könnten die Probleme sein, die ein solches Handeln nach sich zöge. Wer würde die Getränke bezahlen, egal, wie angebracht und sinnvoll es in diesem Moment gewesen wäre? Verletzte es den Dienst nach Vorschrift? In Argentinien darf hingegen das Problem, manchmal zumindest, auch nicht immer, vor die Vorgaben gestellt werden. Ein argentinischer Vorgesetzter wäre womöglich froh gewesen, wenn ein geistesgegenwärtiger Angestellter Sprudelwasser ausgegeben und ihm, salopp und einfach, viel nachträglichen Ärger wegen „Menschenquälerei" erspart hätte.

Der internationale Führerschein hat in Argentinien nur die begrenzte Gültigkeitsdauer von einem Jahr. Folglich musste ein nationaler beantragt werden. Antragsformulare stellen für uns Ausländer die Botschaften aus, ebenso reichen sie ihren Schäfchen die Adresse, wo das Ganze über die Bühne zu bringen ist. Wehe dem, der noch kein Spanisch kann. Auch deshalb: Vor jedem Umzug in ein neues Land einen Sprachkurs machen! Nicht danach es angehen wollen. Denn da wird lange keine Zeit mehr dafür sein. Im Führerscheinamt wäre kaum ein Englischsprechender aufzutreiben gewesen. Am Telefon erfuhr ich freie Termine für die Führerscheinausstellung – zu der jeder persönlich vorbeikommen musste. Die frühesten lagen sechs Wochen in der Zukunft, allesamt am Vormittag oder um die Mittagszeit. Eilig durfte man es nicht haben und freigeben musste einem der Arbeitgeber auch.

Zum festgelegten Termin fuhren wir über eine Stunde mit dem Taxi zur *Dircección de Educación Vial y Licencias del Gobierno de Buenos Aires*. Diese Behörde lag außerhalb des *Capital Federal*, des Hauptstadtbezirks, in der Großstadtperipherie. Es handelte sich dabei um eine mordsmäßige Halle mit zahlreichen Türen und Türchen und endlosen Schaltern. Immerhin waren mehrere Cafeterias inbegriffen, Oasen zum Essen und Koffein fassen, denn das Ganze sah vom ersten Moment an nach einer Prozedur aus, einer längeren, einer langen. Ersichtlich war uns die Vorgehensweise nicht, also verlegten wir uns auf das stets bewährte Sich-Durchfragen. Bald landeten wir am richtigen Schreibtisch, dessen Verwalter unsere Formulare entgegennahm und uns den weiteren Ablauf schilderte.

Als Erstes mussten wir Fotos anfertigen lassen. Unsere mitgebrachten seien nicht verwendbar. Sie müssten genauso sein, wie sie eben nur dieses Amt hier machen konnte. Die Menschenschlange vor der entsprechenden Türe sprach für sich. Eindeutig konnten nirgendwo anders passende Bilder geschossen werden und jeder durchlief diesen Vorgang. Dann, an der Reihe, positionierte man uns vor einer fleckigen Wand und nahm die Fotos auf. Anschließend hieß man uns auf die Abzüge zu warten. Das könne allerdings dauern, da jetzt Mittagspause sei. Was blieb uns anderes übrig, als auch eine einzulegen. Dennoch schafften wir es noch vorher, im Büro gegenüber der Fotografen ganz zügig unsere Fingerabdrücke in die kleinen, mit unseren Namen gekennzeichneten Quadrate zu stempeln. Diese uralte Form des Unterzeichnens wurde ebenfalls auf dem Dokument der Fahrerlaubnis gefordert.

Inzwischen ziemlich hungrig geworden, suchten wir uns belegte Brötchen und Getränke in einer Cafeteria mit Sitzplätzen aus. Anderthalb Stunden später waren die Führerscheinfotos fertig. Aber jetzt mussten sie an einem anderen Schreibtisch abgegeben werden, was die Antragsteller selbst zu bewerkstelligen hatten, kein Angestellter trug sie rüber. Vor der sich bei diesem Schreibtisch befindenden Türe hatte man danach gruppenweise mit ungefähr weiteren 50 Personen zu warten. Warten. Warten.

Waren ihre Führerscheine mit Bildern und Stempeln bestückt, trat ein Bediensteter aus der Tür und rief die zukünftigen Inhaber mit Namen auf. Eindeutige Vorteile hatte der, der einen auf Spanisch relativ leicht auszusprechenden Namen trug. War das nicht der Fall, konnte es leicht passieren, dass er seinen Namen in der schlechten Akustik der Halle nicht als solchen identifizierte. Dann verschwand sein Führerschein samt dem Angestellten wieder hinter der Türe. Er musste dann erneut warten. Nämlich auf den nächsten Durchgang. Mit hoffentlich mehr Erfolg.

Wir hatten im Erkennen unserer Namen schon einiges an Routine entwickelt und waren nach insgesamt vier Stunden stolze Besitzer echter argentinischer Führerscheine – die allerdings nur ein einziges kurzes Jahr galten. Doch das kümmerte uns im Moment wenig. Wir machten uns an den Autokauf. Was im Verkehr floss, stockte in der Bürokratie und so wurde auch daraus eine Unternehmung mit gewissen Ausmaßen.

Anfangs schauten wir uns in Autohäusern um, dann unter den Gebrauchtwagenanzeigen, ohne dass uns ein Angebot überzeugte. Leicht abschreckend wirkte auch die Information unseres Hausmeisters, dass man unbedingt sicherstellen müsse, ob *alle* Vorbesitzer eines Autos ihre Steuern bezahlt hätten. Es sei durchaus möglich, dass Jahre vergingen und die Schuld ungetilgt bestehen bliebe. Fand sich ein unbedarfter Käufer, erstand er diese beim Autokauf mit. Im Nachhinein blieb ihm keinerlei rechtliche Handhabe, sie rückwirkend bei den ehemaligen Besitzern geltend zu machen. Der neue Eigentümer musste, wenn die Behörden den jahrelang tolerierten Zahlungsausstand einforderten, die Steuern begleichen. Und zwar alle! Allein den aktuellen Stand der Steuerzahlungen eines gebrauchten Autos zu eruieren, ließ uns eine Sisyphusarbeit vermuten, die man besser nicht auf sich nahm.

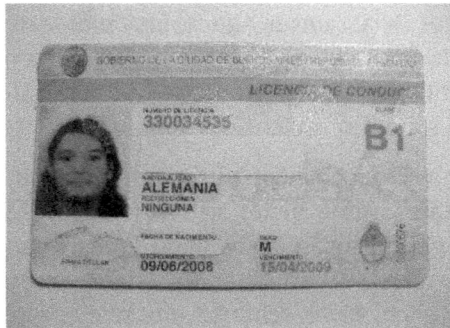

Argentinischer Führerschein

Auf Grund der Erfahrungswerte früher eingereister Kollegen entschieden wir uns nach einigem Hin und Her zum Kauf über die Deutsche Botschaft. Erfolgte der Erwerb eines Neuwagens durch einen Ausländer auf diese Weise, minderte sich nicht nur der Kaufpreis, es entfiel auch die Steuer und das Auto bekam eine Diplomatennummer. Nicht nur bei Polizeikontrollen konnte sie unnötig lästiges Filzen und Ausfragen eindämmen, auch das Parken am Flughafen war mit ihr gratis! Das war der Vorteil schlechthin. Parkgebühren sind auf den argentinischen Flugplätzen ähnlich teuer wie auf europäischen. Unser Auto für die Dauer der Flugreisen dort abgestellt zu wissen, war dazu ein wesentlich beruhigenderes Gefühl, als es auf der Straße vor unserem Wohnhaus zu lassen oder extra für diese Zeiten eine Garage zu mieten. „Der Flughafen ist der sicherste Ort in ganz Argentinien!", so ein Parkwächter, als wir dann zum ersten Mal seine Dienste auf dem Gelände in Anspruch nahmen.

Abgesehen davon ist es mehr als praktisch, sein Gepäck nach dem Auschecken ins eigene Auto zu laden, anstatt mit einem Taxifahrer wegen der üppigen Kinderausstattung über die Ladekapazität seines Wagens zu verhandeln. Sogar unser klappbares Kinderreisebettchen, unumgänglich, aus einem deutschen Supermarkt, hatten wir ständig bei uns.

Bei einem Großteil der Taxis füllen die Gastanks fast den gesamten Kofferraum. Die Fahrer bevorzugen Gas als kostengünstigeren Treibstoff im Vergleich zum *nafta*, dem Benzin, müssen dafür aber das Gepäck ihrer Fahrgäste im Wageninneren verstauen.

Wir wälzten uns durch Telefonate und Papierberge, Anträge und Unterschriften, zahlreiche Gänge zur Botschaft und Tees, um unsere Nerven zu beruhigen. Als endlich Señor Rivas, unser Agent, ins Spiel kam, wurde es leichter. Nachdem das Modell gewählt war, ein Volkswagen Suran, in Argentinien gefertigt, denn nur für argentinische Modelle galten die Vergünstigungen, erledigte er nun sämtliche Verhandlungen.

Nur die Bankeinzahlung hatten wir noch selbst zu tätigen und zwar auf den Centavo abgezählt. Die Kaufsumme belief sich auf 11.567,73 Euro und genauso musste sie in argentinischen Pesos und Centavos auf einer bestimmten Bank in bar eingezahlt werden. Überweisungen waren nicht üblich, hier nicht einmal möglich. Rivas schärfte uns streng ein, absolut niemandem, gar niemandem, keinem Kollegen, keinem Freund, keinem Hausmeister, zu sagen, dass wir ein Auto kauften. Weil jeder wusste, was das bedeutete: Wir würden Bargeld zu Hause horten. Was wir in den nächsten Wochen abzuarbeiten hatten, war ein merkwürdiges und verschrobenes Unterfangen.

Die täglich abhebbare Summe an den Geldautomaten belief sich auf dreihundert Euro, zwei Bankkarten hatten wir. An manchen Tagen streikten die Automaten, an anderen unsere Karten. Es dauerte also seine Zeit, bis wir 11.567,73 Euro in Pesos beisammen hatten. In der Sammelzeit deponierten wir sie in Ritzen, Tassen, auf Lampenschirmen. Die Orte hielten wir auf Notizzetteln fest, um die Bündel bei ihrem Einsatz nicht wie Ostereier suchen zu müssen.

Nach einigen Wochen kam der ersehnte Moment, die Barschaft endlich von zu Hause wegschaffen zu dürfen. Mit feuchten Händen und der inständigen Hoffnung, dass nicht gerade jetzt die Bank schließen oder der zuständige Angestellte zum Essen oder auf eine Besprechung gehen würde, machten wir uns auf, mit Dutzenden von Scheinen in Bauchgürteln, Schuhen, Geldbeuteln, in Windeln und Kinderwagen.

Wir erreichten die Bank, sie war geöffnet, unsere Einzahlung wurde quittiert und anhand der genauen Peso- und Centavo-Summe erkannte

Volkswagen den Einzahler. Namen wurden auf Rechnungen aus Sicherheitsgründen nicht geführt. Arg erleichtert nahmen wir drei kurze Tage später unser Auto in Empfang.

Señor Rivas war einer der zuverlässigsten und umsichtigsten Menschen, dem wir in diesen drei Jahren begegneten. Und seine Zunge war herrlich spitz. Bei jedem neuen Bürokratieschritt, für den er sich unsere Unterschriften abholen musste, blieb er leutselig auf einen Kaffee. Zu einem deutschen Fräulein in der Botschaft, jung, papiertrocken und stocksteif, hatte er die gleiche Meinung wie wir. Nur formulierte er sie völlig unverhohlen (und unseriös, vor uns, seiner Kundschaft): *Le falta un hombre* – Ihr fehlt wohl ein Mann! Bestechend lebendiges Argentinien!

Diego Rivas ließ unseren Wagen direkt unter unseren Fenstern abladen. Weil die Nummernschilder über die Botschaft kamen und noch auf sich warten ließen, hatte er große Zettel in Front- und Heckscheibe geklebt mit der Aufschrift *chapa en trámite* – Nummer in Bearbeitung. So konnten wir fahren. Es wäre zwar nicht besonders ratsam, größere Touren außerhalb der Stadt zu unternehmen, doch innerhalb sei das überhaupt kein Problem und damit behielt er Recht.

Falls die Botschaft wegen der oft schwierigen Zusammenarbeit mit den zuständigen argentinischen Behörden uns unsere Nummernschilder lange nicht zustellen könne, was leider den Erfahrungen entspräche, gäbe es auch die Möglichkeit, sich selbst welche zu basteln. Dazu sollten wir einfach einen bedruckten Karton laminieren und fest auf die Halterungen kleben. Das würde keinem auffallen. Von dieser Version hatten wir schon von einem früheren Kollegen gehört. Er hatte davon (erfolgreich!) Gebrauch gemacht. Obwohl sich die Lieferung der Nummern doll verzögerte und uns das letztendlich unsere ersten südamerikanischen Sommerferien beschnitt, fühlte es sich aber dann doch besser an, mit richtigen Plaketten unterwegs zu sein als mit Attrappen.

Als wir viel später unsere lang ersehnte Patagonientour planten, zwangen uns die Geschicke, uns ein weiteres Mal, von einer anderen Seite her, mit dem Thema Führerscheine auseinanderzusetzen. Wir hatten nämlich keine. Einige Wochen vor der Abreise versuchte ich einen Termin für die Erneuerung unserer Scheine zu bekommen. „Bis Ende

Januar ist alles voll, dann können Sie kommen", erklärte mir eine Damenstimme bestimmt und definitiv. Alle Beteuerungen, dass es dann zu spät sei und auch die mehrfache Nennung der Deutschen Botschaft halfen genauso wenig wie das erneute Anrufen, um vielleicht kooperativere Personen zu erwischen. Es war nichts zu machen.

Für uns stellte sich die Frage, wie wir damit umgehen würden. Südpatagonien, zwischen einem und fünf Einwohnern pro Quadratkilometer. Würde dort so oft kontrolliert werden wie in den anderen Landesteilen? Eher nicht, aber bis wir dort wären, in wie viele Kontrollen würden wir geraten und was würde passieren, wenn man keine landesgültige Fahrerlaubnis vorweisen konnte?

Etwas nervös starteten wir mit unserer Zeltausrüstung, Kinderwagen, Reisebettchen, Reisetaschen und etlichem Proviant, mit beinahe schon überfülltem Kofferraum und einer mitreisenden Besucherin aus Deutschland.

Ohne von der Verkehrspolizei aufgehalten zu werden, passierten wir den Bundesstaat Buenos Aires und die auf der Route nach Süden folgenden Staaten La Pampa, Río Negro und Chubut. Schier unglaublich! „Das Glück ist ein Rindvieh und sucht seinesgleichen", hätte das mein Großvater zu seinen Lebzeiten kommentiert. Fortuna war auf unserer Seite. Später, bei einer anderen Tour nach Chile, verließ sie uns.

Bei jeder stichprobenartigen Kontrolle wurden wir ungecheckt durchgewunken. So erreichten wir Santa Cruz, Südpatagonien, wo man mit dem Benzin haushalten muss und auf Hunderten von Kilometern nur Guanakos, Gürteltiere und Schafe, doch weder Menschen noch menschliche Siedlungen zu Gesicht bekommt.

Verkehrsprüfungen fanden dort statt, jetzt auch für uns, und wir lernten mit ihnen. So weit entfernt von der Hauptstadt war auch das Wissen der Polizeibeamten weit entfernt von den aktuellen Vorgaben. Ihre erste Aufmerksamkeit galt praktisch immer unserer Diplomatennummer, wohin wir dann ganz gezielt Interesse und Gespräche lenkten. Bei der Erwähnung der Deutschen Botschaft endete jede Kontrolle spätestens bei den Fahrzeugpapieren.

Nach sieben Wochen fuhren wir nachts gegen drei Uhr mit unserer schlafenden Tochter im Kindersitz auf der Stadtautobahn General Paz, die Buenos Aires kreisförmig umschließt, das letzte Stück zurück nach Hause. Zwei Jahre lang hatten wir alle paar Wochen unsere Führerscheine vorgezeigt. Auf neuntausend Kilometern, bis zur Magellanstraße und retour, wurden wir kein einziges Mal danach gefragt, mussten kein Schmiergeld zahlen und keine Stunden auf Polizeiwachen totschlagen. Ein Zugeständnis des puren Zufalls, auf den jeder manchmal angewiesen ist!

Diplomatennummer „ME" für Misiones Especiales

Akupunktur im Barrio Chino

Mitte Dezember war unser erstes Jahr in Argentinien fast vergangen. Wir blickten zurück auf unglaublich viel Arbeit, eigentlich zu viel Arbeit, und dadurch bedingt ständig zu wenig Schlaf. Aber das ist der Preis, den man wohlwissentlich bezahlt, wenn man über einen Kontinent umzieht, sich mit einer anderen Sprache und Kultur konfrontiert und sich dazu in einen neuen Job einarbeitet. Und ein Kleinkind, ohne miteingeführte Oma zur gelegentlichen Entlastung, potenziert die Anstrengung nochmals.

Manchmal ist es nicht einfach, sich vor Augen zu halten, dass vieles leichter werden wird. Aber das tut es, sobald alles weniger neu ist und sich das meiste dadurch schneller erledigen lässt. Der anfängliche logistische Aufwand verringerte sich gütig. Er war nötig, um herauszufinden – Aurora bei jedem Schritt und jeder Bewegung im Schlepptau – wie die Dinge möglichst effektiv und zeitsparend abzuhandeln sind.

Inzwischen ließen wir uns, wie die meisten anderen auch, die Lebensmittel vom Supermarkt liefern. Wir wussten, wann und wo auf den Straßen die Obsthändler vom Land anrückten und an welchen Stellen man weniger lange warten musste, um seine Rechnungen zu bezahlen. Überweisen war ja nicht möglich. Fragen nach eventuell verfügbarem Homebanking hatten darin gegipfelt, dass mir eine Bankangestellte beteuerte, dass es das selbstverständlich gäbe. Zur Instruktion führte sie mich zu einem Automaten im Eingangsbereich. In ihn konnte man sämtliche Nummern auf seinen Formularen selbst eintippen. Das dauerte jedoch noch länger. Die Maschine stürzte nämlich laufend ab. Aber das war das argentinische „Home"banking!

Zwanzig Meter lange Menschenreihen auf Gehwegen verrieten, wo sich Filialen befanden, in denen man seine Rechnungen einzahlen konnte. Jetzt hatten wir herausgefunden, dass auch manche Supermärkte Gas- und Stromrechnungen entgegennahmen, gegen einen geringen Aufpreis. Wenn dieser allerdings eine Stunde oder mehr Zeitersparnis bedeutet, lächelt man nur über die rund siebzig Eurocent Bearbeitungsgebühr pro Rechnung. Das Hausgeld für unsere Wohnung durfte seit ein paar Wochen nach einer frisch eingeführten Regelung in einem eigens dafür bestimmten Umschlag abgezählt bei einer Bank eingeworfen werden.

Wir hatten einzuschätzen gelernt, in welchen Vierteln man sich eher vorsichtig bewegen sollte. Wir kannten die besten Spielplätze, die kreativsten Kunsthandwerkermärkte und wussten, wo man an den Wochenenden ausspannen konnte.

Sogar die Hausarbeit hatte eine nicht zu unterschätzende Erleichterung erfahren. Direkt an unsere Küche angeschlossen war ein kleiner Balkon, auf dem nun neben der Waschmaschine die neu angeschaffte Geschirrspülmaschine stand und uns vom leidigen Abwasch befreite. Ein drei Meter langer Schlauch, am Spülbecken befestigt und wieder abnehmbar, diente uns neuerdings zur Warmwasserbefüllung unserer Waschmaschine, die Spülmaschine heizte immerhin selbst. Der Balkon hatte nur einen Kaltwasseranschluss. Warmes und heißes Wasser trugen wir bis dato in Eimern nach draußen. Die Temperatur für die Dreißig- und Sechziggradwäsche schätzen wir großzügig. So genau ging es nicht.

In der Schule war bis auf ein paar noch ausstehende Nachprüfungen alles erledigt und ich freute mich unsagbar auf die Sommerferien und unser erstes Weihnachten bei täglich steigenden Hitzegraden. Endlich gab es Raum für einen schon länger ins Auge gefassten, zeitintensiven Luxus.

Ich zähle zu den allergiegeplagten Zeitgenossinnen. Auf manches Gehabe. Und auf Pollen. Beides kann ich nicht gelassen hinnehmen. Seit Anfang November blühten die *Paraísos*. Eine schmalblättrige Ölweidenart, die zu den zehn am intensivsten duftenden Gewächsen zählt. Ihre winzigen lila Blüten verströmen einen Duft, der einen bei geschlossenen Augen und etwas Fantasie fürwahr ins Paradies versetzen kann. Unsere Wäsche auf dem Balkon war in den Frühsommerwochen getränkter davon als vom Geruch der Rindersteaks. Die Bäume säumten zahlreiche Straßen in unserem Viertel. Filigran, ästhetisch, eine Freude! Nur konnten unpraktischerweise auch die Antihistaminika, die ich täglich einnahm, ständig tränende Augen und intervallartiges Niesen nicht verhindern. Es musste etwas geschehen. Mit noch mehr Chemie zu reagieren erschien mir keine geeignete Antwort mehr auf diese Allergien zu sein. Besser war es schon, mich im *Barrio Chino*, dem Chinesenviertel, nach jemandem umzusehen, der mich akupunktierte.

„Vom Teufel geküsst" WK 6 2011

Das Chinesenviertel ist ein Teil des *Barrio Belgrano*, in dem wir lebten. Belgrano, ein Wohnviertel der oberen Mittelklasse, wo auch die meisten Botschaften angesiedelt sind, ist an den Wochenenden ein Magnet, seiner Einkaufsgelegenheiten und des verspielten Marktes auf der *Plaza Manuél Belgrano* wegen. Einst war es der Anlaufpunkt vieler jüdisch-deutscher Einwanderer und politisch Verfolgter. Um deren Kinder aufzufangen, wurde die bilinguale Pestalozzi-Schule gegründet. Bald entwickelte sich das „Belgrano-Deutsch", ein mit deutschen Begriffen durchsetztes Spanisch, das man bis heute bei älteren Leuten, oder in seiner jugendsprachlich neuesten Version an der Schule, hört. Bei meinen Schülern äußerte sich das so: „Puedo das Fenster cerriren?" (cerrar = schließen, hier mit einer dem Deutschen angeglichenen Endung). Oder in der entgegengesetzten Wortwahl, dazu versetzt mit Englisch, der zweiten an der Schule unterrichteten Fremdsprache: „Can I la ventana zumachen?" Ein sympathischer Mix, dem man selber schnell verfällt – und der einem in passender Umgebung gar bleibt!

Das *Barrio Chino* umfasst nur sehr wenige Straßen. Sie sind gespickt mit Möglichkeiten, um einzukaufen, zu essen oder sich mit Massagen und Akupunkturnadeln behandeln zu lassen. Es war zu Fuß von unserer Wohnung aus in etwa einer halben Stunde erreichbar. Wir verbrachten dort viele Sonntagmittage mit leckerem Essen in großen Portionen und, als zusätzliche Beilage, mit lächelnden Menschen. Der Roman von Ariel Magnus „Ein Chinese auf dem Fahrrad" gibt Einblicke ins Leben in diesem Viertel. Er handelt von einem als Brandstifter angeklagten Chinesen, der bei seiner Gerichtsverhandlung flieht und eine Geisel mitnimmt. Diese ist bei ihm zu Hause im Barrio mehr Gast als Gefangener und verliebt sich dort in eine Chinesin.

Etliche Chinesen waren relativ neue Einwanderer und brauchten ihrerseits noch Übersetzer, so auch der etwa Fünfzigjährige, an den ich mich wandte. Seine Naturheilpraxis bestand aus einen einzigen Raum. Er hatte ihn mit papierdünnen spanischen Wänden in drei Behandlungskabinen abgeteilt. Am Empfang schilderte ich seinem sechzehnjährigen Dolmetscher mein Anliegen, dieser gab es an den Heilkundigen weiter. Rückfragen blieben natürlich nicht aus, wie:

„Ist das alles? Hast du noch irgendwas?"

„Hm, Schmerzen beim Eisprung habe ich manchmal."

„Bei der Menstruation?"

„Nein. Bei dem, was in der Mitte des Zyklus passiert."

„Keine Ahnung, was das ist", meinte der Bursche.

Vielleicht muss man eine Weile in dieser offenherzigen Stadt gelebt haben, damit man es über sich bringt, dergleichen vor öffentlichem Publikum zu beschreiben. Aber schließlich wollte ich mich behandeln lassen, in erster Linie wegen der Pollenallergie, gerne auch wegen alles weiterem Störendem, wenn das inklusive ging. Ob der Übersetzer es nun kannte oder nicht.

Tatsächlich hatte ich das Gefühl, dass der Heiler selbst mehr aufnahm und über seine Hände am Körper seiner Patienten erspürte, als ihm die

Worte seines Gehilfen sagten. Er setzte die Nadeln in einer meditativen Weise. Die Akupunkturpunkte las er von keinem Buch ab, nein, er ertastete sie. Er schloss dabei kurz die Augen und stach dann die einzelnen Nadeln durch die Haut. Dreißig Jahre Erfahrung in China hätte er, erzählte mir sein Adjutant, der wie selbstverständlich zusah, um zu lernen. Die Füße seines Meisters steckten in offenen Sandalen und ich konnte kaum meinen Blick von ihnen wenden. Dermaßen gepflegte Männerfüße sind selten. Keine Hornhaut und kein Nagelpilz verunstaltete sie. Dass er nach jedem Turnus vor seiner Praxis rauchte und prustete, stand in rauem Gegensatz zur sonstigen Lebensweise, die sein restlicher Körper vermuten ließ.

Darüber und über manches mehr philosophierte ich, als ich mit rund dreißig Nadeln auf meiner Pritsche hinter einer der spanischen Wände lag. Über mir krabbelten die Spinnen an der Decke. Wie vorteilhaft, wenn diese einen nicht anwiderten. Genauso wie die Handtücher, auf die man sich bettete und die garantiert nicht täglich gewechselt wurden. Trotzdem war die Wirkung der Behandlung überwältigend.

Mir ist bewusst, dass man für Akupunktur in gewisser Weise empfänglich sein muss, wenn sie wirken soll. Bei mir tat sie das umfangreich. Viele meiner Lehrerkollegen können mir sicher nachfühlen, wie vollgesogen man innerlich kurz vor dem Schuljahresende an Zwischenmenschlichem und Aufwühlendem ist, das mit rund hundert Teenagern täglich während der Schulzeit zu bewältigen war. Immer habe ich Lehrer bewundert, die beim Hinausgehen alles Belastende nicht weiter mitnahmen als bis zur Schulhaustür. So sehr ich auch daran arbeitete, gelang mir das nie wirklich und ich schleppte diese mitunter nicht leichtgewichtigen Dinge bis in die Ferien mit. Und schleppe sie noch. Als ein Piepsen in den Ohren. Auch jetzt, während ich schreibe.

Jetzt weiß ich, was es war, das ich damals falsch machte, als ich es mir zuzog, in einer Klasse in Mexiko. Ich war lieb und nett, zweifelte an mir und glaubte, den Anforderungen nicht gewachsen zu sein, glaubte, dass meine Kollegen besser wären als ich und es mir an Kompetenz fehlte. Anstatt für mich einzustehen! Meine Ohren rebellierten, kapitulierten. Ich lag mit Tinnitus zu Hause, als die Klasse notgeteilt wurde. Keiner konnte sie mehr unterrichten. Sie war nicht mehr beschulbar. Aber mir war zu spät aufgegangen, woran es hakte: An diesem Haufen Jugendlicher, jeder Einzelne davon aus verworrenem familiären Kontext. Und nicht am mir. Seither frage ich mich, wie man das Maß auslotet zwischen persönlichem Einsatz und Abgrenzung, um des Selbstschutzes willen. Bestmöglich, so soll sein, was man tut, aber nicht mehr. Kein Raubbau an sich selbst!

Jetzt erzeugten die Nadeln des Chinesen, sie steckten in mir von der Stirn bis zu den Zehenspitzen, ein Gefühl, als flößen fünfzig Kilo Schwere aus mir, während all das Leichte und Schöne erhalten blieb. Wundersamerweise ließen die Allergiesymptome schon nach drei Behandlungen nach. Doch fünfzehnmal müsste ich kommen, um nachhaltigen Erfolg zu erzielen, so wurde mir geraten.

Wie vieles verwandelten sich auch diese Nadelsitzungen nach einiger Zeit und mit etwas Übung zur Routine. Selbst die (ohne Übertreibung!) Schmerzen, die sie beim Stechen verursachten. Mein Chinese verwendete traditionelle alte Nadeln, dicker als jene, die man in Deutschland kennt. Man bekam sie nach jedem Mal ausgehändigt, musste sie selbst verwahren und bei der nächsten Sitzung wieder mitbringen. Er stach sie auch tiefer, deutlich tiefer, vertrat gar die Auffassung, sie hülfen nicht, wenn sie nicht peinigten, und stach sie bei jedem Mal mit mehr Druck, denn ihre Spitzen wurden stumpfer. Amüsiert lauschte ich, hatte ich die Prozedur überstanden und lag während der Wirkungszeit still, dem Stöhnen aus den beiden anderen Kabinen. *Ay, qué dolor!*, wurde gewinselt, sinngemäß: Oh, tut das weh! Das stimmte zwar, doch manchmal, da muss es sein, da will man sich heroisch präsentieren und verkneift sich nur deshalb solch zart besaitetes wehleidiges Jaulen. Auch wenn es vielleicht angebracht wäre, Einhalt zu gebieten.

Einmal stand der Stimme nach eine junge Frau an der Anmeldung und schilderte ihre Verdauungsprobleme. Spanisch war nicht ihre Muttersprache. Sie musste sich mit einfachsten Worten dem Dolmetscher verständlich machen und die Rückfragen des Chefs beantworten. Das mühevolle Winden, mit dem sie entgegnete, war tragisch und köstlich zugleich. Es zog mein Mitleid und mein Amüsement auf sich. Von meinen zig Nadeln ruhig gestellt konnte ich gar nicht anders, als zuzuhören.

„Wie oft warst du auf der Toilette?" (Sich im Alltag zu duzen ist gängig.)

„Heute? Oder gestern?", fragte das dünne Stimmchen nach.

„Heute und die letzten Tage. Und was kam da?"

„Heute. Es kam *caca*."

„Und welche Konsistenz hatte die *caca*?"

„Äh...."

„War sie fest? Oder flüssig? Tat es weh beim Herauskommen."

„Also... äh... sie war...äh..."

Die Arme wusste sich kaum zu helfen, musste ihr doch ebenfalls klar gewesen sein, dass in den Kabinen drei Patienten alles mitbekamen. Einschließlich jene, die hinter ihr am Empfangstisch anstanden.

Später entschied auch Ron, von der Wirkung bei mir animiert, die Heilkünste des Chinesen auszuprobieren. Ich aß mit Aurora chinesische Snacks gegenüber der Praxis, während wir auf ihn warteten. Und siehe da, nachdem die Nadeln gesetzt waren, kam unser Akupunkturspezialist hustend und rauchend nach draußen. Räusperte sich und gurgelte, würgte aus den Tiefen seines Leibes einen Lungenhering und spuckte ihn in den nächstbesten Abfalleimer. Dass uns der Appetit nicht verging, verdankten wir einzig unserem Hunger.

Ich fühlte mich nach dem Abschluss meiner Behandlung wie vom Teufel geküsst. Zwar war ich von meiner Pollenallergie zu achtzig Prozent erlöst durch einen gepflegten und zugegeben nicht unattraktiven Mann, aber das war mit tiefen Nadelstichen unter Spinnennetzen und dem Schauspiel der Schleimspuckerei auf eher teuflische Art einhergegangen. Das Erlebnispotpourri blieb mir so intensiv gegenwärtig, dass ich es nach unserer Rückkehr nach Deutschland malte.

Einreiseprobleme und Silvester in Chile

Die Wochen, in denen wir darauf harrten, dass die zähen Mühlen der Bürokratie zu mahlen begannen und uns endlich unsere Autonummernschilder ausspuckten, wollten wir möglichst effektiv nutzen. Die Sommerferien hatten begonnen. Wenn schon keine Autoreise, dann eben eine kurze Flugreise, sagten wir uns und buchten eine Woche auf der Osterinsel. Sie liegt 3765 Kilometer westlich von Santiago de Chile im offenen Pazifik. Bis nach Tahiti sind es von dort noch etwas mehr als viertausend Kilometer. Die nächste bewohnte Insel, Pitcairn, mit ihren derzeitig vierzig Einwohnern, erreicht man nach rund zweitausend Kilometern. Damit ist die Osterinsel der Platz auf dem Globus, der von allen anderen besiedelten Orten am weitesten entfernt ist.

Wir waren brennend neugierig, wie es sich anfühlt, von so viel Wasser umgeben, auf einem so kleinen Erdflecken zu sein. Am letzten Tag des zu Ende gehenden Jahres starteten wir. Der Flug allein wäre es schon wert gewesen. Er verlief von Südamerikas Ostküste zur Westküste. Zunächst überquert man das Grasland der Pampa und hernach das Andenmassiv. Man braucht nicht viel Fantasie, um aus dem Flugzeug auf der Erde Herzen, Colaflaschen, Gitarren und einen Elefanten zu entdecken. Fast so, als hätte sie extra jemand für die Flugreisenden in die Landschaft modelliert! Oder entsprangen sie dem Zufall? Wir wissen es nicht.

Wir landeten abends ermattet und urlaubsreif in Santiago de Chile, der Hauptstadt des Landes, das Pablo Neruda zärtlich als „schmales Blütenblatt aus Meer und Wein und Schnee" umschrieb. Seine Liebesgedichte findet man bis heute in fast jedem Spanischlehrwerk, auf Postkarten, T-Shirts und Wänden.

Ganz im Gegensatz zu uns war Aurora hellwach und wuselte, jetzt knapp zweijährig, durch Verkaufsstände und Menschenbeine, während wir alle Hände voll damit zu tun hatten, weder sie noch das Gepäck zu verlieren. Mehr unbewusst als bewusst nahm ich, die Aufmerksamkeit hauptsächlich auf das Geschehen in Kleinkindhöhe gerichtet, Schilder mit durchgestrichenen Äpfeln wahr. Zum Lesen der Aufschrift kam ich im Getümmel nicht. Sie wurde vom Zöllner nachgereicht, der unseren Koffer durchleuchtete.

„Führen Sie Lebensmittel mit?" Ein barscher, unfreundlicher Ton.

„Äh, ja. Für die Kleine. Obst und ein Sandwich. Das haben wir uns vom Bordservice aufgehoben."

„*Señora*, es ist verboten, jegliche Art von Wurst, Käse, Obst und Samen nach Chile einzuführen. Sie werden dafür Strafe bezahlen."

„Also, Wurst und Käse sind aus dem Flugzeug, das haben wir von der *chilenischen* Fluggesellschaft bekommen."

„Das spielt keine Rolle. *Sie* haben es eingeführt."

Was da entgegnen? Besser wäre es gewesen, wir hätten das belegte Brötchen im Flugzeug aufgegessen. Nur braucht man mit einem Kind immer Proviant dabei, wenn man unsicher ist, wann sich die nächste Nahrungsquelle auftun wird und man nicht weiß, ob diese dann überhaupt kindgerecht ist. Und wie auf die schräge Idee kommen, wegen des Sandwiches in Stress zu geraten?

Wir waren nicht die einzigen Unglücklichen. Rucksacktouristen, Rentner und andere Familien versammelten sich mit uns vor den Zollbüros. Eben alle, deren Augenmerk bei der Einreise von anderem beansprucht worden war als vom Lesen von Verbotsschildern. Ob man in etwa Auskunft geben könne, wie lange der Vorgang dauern würde, wollten wir wissen. Angeblich ginge es schnell, sagte man uns, da wir nicht so aussähen, als hätten wir unlautere Absichten gehabt. Sprich, wir sahen nicht so aus, als hätten wir das Land mit Obst- und Fleischbakterien in den Ruin treiben wollen, interpretierten wir sarkastisch.

Vor uns schimpfte ein circa zwanzigjähriges englischsprachiges Mädchen ins Telefon, ein anderes Ehepaar beruhigte seine beiden quengelnden Kinder, ein Heer von Zollbeamten beobachtete das Ganze ungerührt, seine Machtstellung genießend und völlig unbemüht, die Reisenden zügig wieder freizugeben.

Die Minuten verstrichen, schließlich waren es eineinhalb Stunden. Wegen des Anschlussfluges saßen wir auf glühenden Kohlen, doch das interessierte niemanden. Wenn es in diesem Tempo vorwärts ging, würden wir Silvester noch im vermutlich sündhaft teuren Luxushotel gegenüber des Flughafens verbringen.

Endlich wurden wir ins Zöllnerkabuff gebeten. Notgedrungen geduldigst ließen wir dort Belehrungen über uns ergehen, deren Grundschulcharakter nicht zu dementieren war. Dann wurden unsere Lebensmittel gewogen. Anhand des Gewichtes des Sandwiches (aus dem *chilenischen* Flugzeug) und unserer drei argentinischen Äpfel wurde die Summe der zu zahlenden Strafgebühr berechnet. Mit hundertfünfzig Euro verpflichtete man uns, die unerlaubte Einfuhr zu vergelten. Wir hatten sie aber nicht in bar dabei und in chilenischen Pesos erst recht nicht.

Wäre das alles wegen des Weiterflugs zunächst nicht recht tragisch gewesen, hätten wir den sich abspielenden Szenen eine Portion Komik abgewonnen: Mit jedem Touristen, der in seiner misslichen Situation Geld brauchte, marschierte ein Zöllner durch alle Sicherheitsabsperrungen zum nächsten Geldautomaten außerhalb des Sicherheitsbereiches in die Abflughalle. Ein Erwachsener sitzt derweil, bis er dran ist, liest und döst. Doch ein Erwachsener, der 35-mal dasselbe Bilderbuch angeschaut, 18 Lieder vorgesungen und zwanzig Hüpfspiele gemacht hat, alles aus Sorge um das Gemüt seines Kindes, ist irgendwann ziemlich am Ende seiner Nervenkräfte. Immerhin befanden wir uns seit mehreren Stunden in den Händen der Einwanderungsbehörde. Heulen? Ich könnte es ausprobieren. Mir ist zuwider, Tränen als Druckmittel einzusetzen, aber hier waren sie echt. Ich brauchte nur zu wählen zwischen weiterer Selbstbeherrschung oder dem Loslassen. Mir selbst galten sie nicht. Wir hatten weder Windeln zum Wechseln, noch Essen für unsere 22 Monate alte Tochter. Wenn schon, dann wenigstens demonstrativ! Ich kauerte mich gut sichtbar auf dem Boden zusammen und schluchzte los.

An dieser Stelle trat Verónica in Erscheinung, aus dem Hintergrund, in dem sie sich bisher verborgen hatte. Ein Menschenwesen ließ sich rühren! Klein, schwarze Spirallocken, einen mitleidigen Blick vor allem auf Aurora, und in einer der Zolluniformen steckend, riet sie uns, beim Geldabheben sofort das Gepäck auf die Osterinsel einzuchecken, um überhaupt noch eine Chance zu haben, den Flug zu erreichen.

Etwas später konnten wir endlich unsere Strafgebühr bezahlen, aber unser Anschlussflug war trotzdem weg. Und unser Gepäck auch.

Da standen wir, frustriert und ratlos am Silvesterabend am Flugplatz von Santiago de Chile. Alle Schalter hatten geschlossen. Wir konnten nicht einmal erfragen, ob wir unsere Weiterflüge überhaupt noch antreten durften. Ich entnahm ein paar schnell überflogenen Zeilen unserer Reiseliteratur, dass das Land mit viertausenddreihundert Kilometer Küstenlinie im Osten und der Andenkette im Westen über höchst wirksame natürliche Isolationsbarrieren verfügt. Sie isolieren es gegen Krankheitskeime. Das machte das Handeln der Zollbeamten wenigstens in dieser Hinsicht verständlich. Aber gezielt nicht gerade wenige Reisende am Weiterfliegen zu hindern, das war Schikane. Anders betrachtet, eine kalkulierte Einnahmequelle. Wohin sollten all die im Augenblick Planlosen und in Santiago Hängengebliebenen denn alternativ, wenn nicht in das dem Flughafen nächstgelegene Hotel? Wahrscheinlich mussten sie sogar neue Flugtickets lösen und sich einige Tage im Land aufhalten. Was für eine Art von Geschäft, resümierten wir sauer.

Me llamo Vero – Ich heiße Vero –, meldete sich die Kleine mit den schönen Locken erneut und begann mit uns zu plaudern. Sie wollte wissen, woher wir kämen, was wir auf unserer Reise vorhätten und was wir jetzt tun würden. Wir erklärten ihr, dass uns in der aktuellen Lage kaum viel übrig bliebe. Zuerst war es unumgänglich, direkt am Flugplatz Essen für unsere Tochter zu besorgen. Vielleicht ein neues chilenisches Sandwich. Und dann hatten wir eigentlich keine andere Alternative als zu checken, ob in ebendiesem Hotel, das man vom Flugplatz aus sah, noch ein Zimmer frei war. Die Vorstellung, Silvester auf den Stühlen der Wartehalle zu verbringen, lag jenseits dessen, wonach es uns verlangte, gerade mit einem erschöpften und jetzt quäkenden Kind.

„Wollt ihr mit mir kommen?", fragte Vero. „Ich bin in eineinhalb Stunden fertig und wohne auf der anderen Seite der Stadt. Feiert doch mit meiner Familie!"

Ja! Juhu! Klar wollten wir das! Nichts lieber, nichts besser! *Qué alegría!* – Welche Freude über diese Wendung! Fortuna war zurück! (Und blieb konstant bei uns bis zur Heimreise.) Wie verabredet sammelte uns Verónica zwei Stunden vor Mitternacht – und damit dem Jahreswechsel – in der Flughafencafeteria ein. Sie fuhr mit uns kreuz und quer durch ihre Stadt bis in ihr Wohnviertel und kaufte für Aurora unterwegs sogar eine Packung der inzwischen dringend benötigten Windeln.

Die Chilenin war im selben Alter wie wir, hatte Agrarwissenschaften studiert und wohnte bei ihrer Mutter. Als zierliche Frau hatte sie haushohe Probleme, in ihrem männerdominierten Beruf Arbeit zu finden. Die Tätigkeit beim Zoll am Flugplatz sei nur eine vorübergehende Notlösung, ließ sie uns wissen. Sie fand es furchtbar, wie man dort die Ein- und Durchreisenden behandelte. Und mit einem breiten Grinsen fügte sie hinzu, dass sie noch nie zuvor so exotische und interessante Leckereien probiert hatte wie dort. Alles, was den Leidtragenden abgenommen wurde, durfte den Flugplatz nicht verlassen und wurde vernichtet. Aber die Zöllnermägen kontrollierte niemand. So kamen diese zu französischen Käse, italienischer Salami, asiatischen Keksen und einer langen Liste mehr. Spätestens jetzt war unsere Laune wieder hergestellt. Der quirlig-sympathischen und warmherzigen Verónica gönnten wir die kulinarischen Entdeckungen eindeutig!

Veros Mutter staunte über ihren plötzlichen Silvesterbesuch, gewährte aber gastfreundlichen Unterschlupf. Die zubereitete Essensmenge reichte sowieso, um mindestens zwanzig (nicht geladene) Gäste zu sättigen. Verónica erklärte, ihre Mama würde bei Festen immer so kochen, dass sicher „genug" für alle da wäre. Aber erwartet hatte sie keinen mehr, außer Veros Bruder und dessen achtjährigen Sohn.

Die nun folgenden Stunden gestalteten sich ausgesprochen anregend und fröhlich und waren gefüllt mit allerlei Silvesterritualen. Die Familie erklärte uns: Wenn man seinen Rucksack an diesem Abend packt und damit die Nachbarn besucht, würde man im neuen Jahr eine große Reise tun. Sah sie kommen, dass sie dieses Mal für einen von ihnen tatsächlich Wirklichkeit werden würde? Außerdem mussten wir sämtliche alten Sorgen aufschreiben, um sie in einem speziellen Gefäß zu verbrennen. *Adíos*, ihr Sorgen! Auf dass das so gut klappt wie mit der Akupunktur! Später liehen uns unsere neuen Freunde alles Notwendige für die Übernachtung, denn unser Gepäck hatte ja, im Gegensatz zu uns, das Flugzeug nicht verpasst.

Letztendlich konnten wir uns des Eindrucks nicht erwehren, dass es eine willkommene Fügung war, dass uns der Zufall miteinander bekannt gemacht hatte. Alles drehte sich um uns, und wir erzählten von anderen Orten auf dem Globus, nach denen die Gastgeber, vielleicht schon der Abwechslung halber, fragten. Ohne uns wäre der Abend wahrscheinlich eintönig verlaufen, wie es sich vielerorts bei derartigen Anlässen nicht selten zuträgt. Man versucht zu feiern, langweilt sich, lässt seinen Frust an der Familie aus. Die Tochter an der Mutter, weil sie nicht den Job bekommt, den sie sich wünscht. Die Mutter an der Tochter, weil ihr Mann mit einer anderen durchgebrannt ist. Der Enkel an der Oma, weil sein Papa seine Mama verlassen hat. Der Sohn an der Mutter, weil seine Frau nicht die richtige war. Und so weiter. Zwischen den Zeilen war all das wahrnehmbar und auch, wie froh jeder war, dass sich das Hauptinteresse auf uns fokussierte.

Als der Neujahrsmorgen dämmerte, fuhr Vero mit uns zum Flugplatz, um sich nach unserem Anschlussflug zu erkundigen. Ohne ihre *amigos* hätten wir kaum Plätze für den zweiten Januar bekommen. Genauso wie über diese freuten wir uns, den ersten noch bei ihr und ihrer Familie zu bleiben. Alle zusammen durchquerten wir in Verónicas vollbesetztem kleinen Auto mal eng, mal weit gefaltete Täler der Anden. Nach jeder Kurve schimmerte das Gestein in neuen Schattierungen. Nachmittags aßen wir „Kuchen", den die Chilenen so, auf Deutsch, benennen.

Ich sammelte etliche Felsbröckchen mit ungewöhnlichen Maserungen, wie hellen Streifen, oder gelblichen Flecken und bläulichen Punkten. Natürlich würde ich sie nicht im Handgepäck mitnehmen dürfen. Das sei alles kein Problem, meinte Vero. Wir sollten ihr einfach sagen, wann wir auf der Rückreise in Santiago de Chile umsteigen würden. Sie käme dann und brächte uns die Steine. Wegen ihrer Flughafenuniform marschierte sie undurchsucht durch alle Kontrollen. Je steifer die Bürokratie, desto poröser die Lücken.

Die Osterinsel, seit 1888 zu Chile gehörend, betraten wir tags darauf unter einem rundum bis zum Horizont offenen Himmel. Die umgebenden Wassermassen bürgten für das Flair der großen Weite. Das überschaubare Stückchen Erde suggeriert einerseits Freiheit und Unerreichbarkeit, andererseits limitiert es durch den mächtigen Ozean, der einen ja am Fortgehen hindert. Man muss sich hingeben. Den ständigen Drang, möglichst viel zu tun, zu sehen, dieses dann auf Bildern festzuhalten, loslassen. Ihn während der Tage auf der Insel dem Meer übergeben. Damit Platz in einem wird, um das Ambiente in sich aufzusaugen, es zu genießen. Um das Geschenk, in totaler Leichtigkeit nur im Hier und Jetzt zu existieren, bewusst anzunehmen.

Moai auf der Osterinsel

Impression beim Flug nach Chile

Mag sein, dass es auch Zeitgenossen gibt, die dabei übers Ziel hinausschießen. Wie ein Yogi mittleren Alters. Er saß täglich (möglicherweise auch nachts?) auf ein paar Felsen am Wasser, bekleidet nur mit einem Lendenschurz. Es war schon etwas grausig mitanzusehen, wie die Sonne ihm die Haut vom Leib brannte. Wollte er die Kräfte der Elemente seinen Körper töten lassen, damit seine Seele von ihm befreit gen Himmel schwebte? Das Ganze wirkte, als sei hier das harmonische Miteinander von Körper, Geist und Seele aus dem Gleichgewicht geraten – anstatt dass es gefunden werden konnte. Eine solche Haut, die Yogihaut, in Farbe und Aussehen mehr an eine Mumie als an einen Lebenden erinnernd, erholt sich von ihren Strapazen vermutlich nimmermehr.

Äußerst positiv auf der Insel war, dass die Moai, die als Weltkulturerbe geschützten Steinskulpturen, von keinem Zaun abgeriegelt und trotzdem weder zerkratzt noch mit Graffiti besprüht sind. Bisher verirrten sich vergnügungssüchtige Zufallstouristen noch nicht aufs Eiland. Solche, die ihre vorübergehende Anwesenheit durch Schmierereien an Monumenten unter Beweis stellten. Ausschließlich jene kamen, denen am Kennenlernen und Wertschätzen der Südseekultur und -natur lag.

Was nicht haltgemacht hat, ist der Einfluss der amerikanischen Seifenopern. Die Frau, die morgens die Wege bei unserer Unterkunft fegte, erzählte von ihren beiden Kindern. Bevor sie uns deren Namen verriet, vergewisserte sie sich, ob wir die Serie *Beverly Hills 90210* kannten, denn daher stammten die Namen ihrer Kinder: Brandon und Branda.

Rückreise. Würden wir Verónica treffen? Wir warteten in Santiago schon auf den Flugaufruf nach Buenos Aires, als sie uns strahlend umarmte. Im Gegenzug überschütteten wir sie mit Geschenken aus *Rapa Nui*, wie die Osterinsel auf Polynesisch heißt. Vero hatte sie selbst noch nie besucht. Genauso wenig konnte sie es sich bisher leisten, überhaupt ein Flugzeug zu besteigen. Sie übergab mir meine Sammelsurien, die faustgroßen Andensteine. Ich nahm sie seelenruhig im Handgepäck mit und überlegte mir, dass ich mit solchen Geschossen ja angeblich das Flugzeug entführen könnte. Dazu kamen ja mutmaßlich schon all die kleinen Nagelscheren in Frage, die sich in eigens für sie aufgestellten Eimern an den Handgepäckskontrollen sammelten. Gemäß der aktuellen Sicherheitsbestimmungen sahen sie ihrer Entsorgung entgegen. Aber wir wollten ja nirgends anders hin als nach Buenos Aires. Also konnte ich mich, in geheimer Freude über meine dekorativen chilenischen Trophäen vor mich hinlächelnd, behaglich zurücklehnen.

Unsere gemeinsame Retourkutsche an den chilenischen Zoll war allerdings noch nicht beendet. Es bot sich bald eine weitere Möglichkeit, uns insgeheim für die berappten 150 Euro zu revanchieren. Rache ist ein Gericht, das man am besten kalt serviert. Flattert einem ein Racheengel ins Haus, wird es umso amüsanter. Kommt keiner zu Schaden, erntet man die eigene Genugtuung, ohne sein Gewissen zu belasten.

Vero in Tigre bei Buenos Aires

Andererseits war die Rechnung sowieso schon längst aufgegangen, denn Vero ist bis heute eine liebgewonnene enge Freundin geblieben. Nachdem ihr Zeitvertrag am Flughafen ausgelaufen war, fand sie endlich Arbeit als Agrarwirtin im Norden Chiles. Ihre Aufgabe bestand darin, die Bauern bei der Organisation ihrer kleinen Betriebe anzuleiten, damit sie Erträge und Lebensstandard erhöhen konnten. Verónicas Tätigkeiten gingen bis hin zur Vermittlung zwischen und innerhalb der Dörfer, wer einen für alle angeschafften Ziegenbock zuerst fürs Einbringen neuer Gene in seiner Herde nutzen durfte. Das Gehalt ermöglichte ihr den ersten Flug.

Sie buchte ihn zu uns nach Buenos Aires. Ihr rituell unterstützter Silvesterwunsch erfüllte sich also nach einem knappen Jahr.

Wir jubelten beim Wiedersehen! Verónica genoss die Stadt und empfand sie mit ihren vielen grünen Bäumen im Vergleich zum trockenen Santiago de Chile wie einen großen Garten. Auch erzählte sie, dass man sich in ihrer Heimat dürstend in Richtung Argentinien orientierte, dort das Angebot von allem breiter und attraktiver sei und sie unbedingt viel einkaufen müsse. Ihre Freunde hatten ihr eine Liste von Kaufaufträgen mitgegeben, die sie tagsüber abarbeitete. Abends saßen wir stundenlang leidenschaftlich philosophierend oder locker plaudernd, mal so mal so, beisammen.

In denselben Tagen besuchte uns auch ein Freund aus Deutschland. Des Spanischen nicht mächtig, konnte er sich nicht genauso unbeschwert in Buenos Aires bewegen wie Vero. Ich arbeitete, Ron versorgte Aurora und deshalb hatten wir nur am Wochenende Gelegenheit zu längeren gemeinsamen Unternehmungen. So wagten wir das Experiment, unseren deutschen und unseren chilenischen Besuch ohne gemeinsame Sprache zusammen loszuschicken. Auch Englisch, vom einen vergessen, von der anderen nie gelernt, fiel als Kommunikationsmittel aus. Beide notierten die essentiellsten Wörter in der jeweils anderen Sprache, wie beispielsweise: „Toilette, telefonieren, zurück zu Karin und Ron, etwas essen."

Was kicherten wir und unsere Besucher dabei! Die beiden verbrachten einprägsame Stunden zu zweit und unser Freund verbindet nach wie vor den Ausruf: *Qué lindo!* (Wie schön!) mit jener Chilenin, die sich auf Grund der Sprachbarriere darauf beschränkte, alles und jedes nur damit zu betiteln und die auf Englisch kein weiteres Wort verwendete als *shopping*.

Typisch deutsch pflanzten wir für unsere Tochter Kresse an. Die Samen hatten wir uns aus Deutschland mitbringen lassen. Und sie wurden zu unserer Revanche. Vero hatte die Körnchen noch nie gesehen und wollte sie unbedingt selbst einmal auf nasses Küchenpapier streuen, nach einer Woche die Sprösslinge ernten und sie sich auf einem Butterbrot schmecken lassen. Ihre einzige Möglichkeit dafür sah sie darin, die hochillegalen Samen nach Chile zu schmuggeln. Sie überlegte hin und her und kam schließlich zu dem Ergebnis, dass ihre früheren Kollegen beim Zoll sie kaum durchsuchen würden. Also bastelten wir ein flaches Päckchen, genau passend für ihren BH. Damit reiste sie zurück und übte stellvertretend für uns Vergeltung. Sie passierte den Zoll unbehelligt und ironischerweise genau bei dem Kollegen, der uns einige Monate davor die Weiterreise vereitelt hatte.

Allerdings sagte Vero im Nachhinein, dass sie keine weiteren Samen einführen würde, denn die strengen Bestimmungen sollten schließlich den Sinn erfüllen, Chile vor Pflanzen- und Tierkrankheiten zu schützen. Ähnliches kennt der Europäer schließlich auch von England und den strengen Einreisebeschränkungen für Haustiere. Das Meer verhinderte bislang das Einschleppen der Tollwut und dieser Schutzschild soll nicht durch mitgeführte Viren unzureichend geimpfter Tiere niedergerissen werden.

Zweites Jahr

Juan Carlos, Encargado

Im Erdgeschoss der Hochhäuser von Buenos Aires befinden sich die Sammelbehälter der Müllschächte, die Gas- und die Stromzähler und eine große Postklappe. Was an Platz übrig bleibt, wird zur Wohnung des *Encargado*, des „Beauftragten", oder auch des Hausmeisters. Sie ist eng, gar winzig. Man fragt sich, welche Organisation es erfordert, wenn Eltern auf vierzig Quadratmetern mit mehreren Kindern hausen. Irgendwie geht es, muss gehen und Juan Carlos zog in seiner Hausmeisterwohnung drei Töchter groß. Die jüngste ging noch zur Schule, die älteste hatte ihn vor kurzem zum Opa gemacht.

Er war ein Romantiker und Menschenfreund und es ist keine Übertreibung, ihn als die Seele des Hauses zu bezeichnen. Immer wieder spürten wir, welch angenehm beruhigendes Gefühl es war, wenn jemand mit Verstand und von großer Zuverlässigkeit den Eingang im Visier hatte. Ständig erreichbar zu sein ist eine der Hausmeisterpflichten. *Llámenme, día y noche*, wie er uns vom ersten Tag an nahe legte. „Ruft mich, ob Tag oder Nacht". Juan hatte nie eine andere Anstellung gehabt und nach der Schule den Posten sofort übernommen. Wir bewohnten eine der vier Wohnungen der vierten von zehn Etagen. Er war für diese insgesamt vierzig Wohnungen zuständig.

In der Früh begrüßte er jeden, der aus dem Fahrstuhl stieg oder die Treppe herunterkam. *Muy buenos dias, mi pimpollo* – meine Knospe, rief er mir entgegen. Ich trank an seiner unwerfenden Morgenenergie und seiner abfärbenden Lebensfreude. Er war die Blüte und ich die Biene! Zu dieser Zeit war er mit dem Wischen des Eingangsbereiches beschäftigt oder mit dem Sauberwaschen des Gehweges.

Gäbe es sie nicht, die *Encargados*, würde jeder Gang zum Slalomlauf. Mindestens jeder Dritte im Haus besaß einen Hund. Und wohin führte er ihn aus? Freiflächen gab es wenige und der Verpflichtung, die Hinterlassenschaften der Vierbeiner aufzusammeln, kam kaum einer nach. Hektoliterweise verspritztes Wasser aus den Schläuchen der Hausmeister spülten die Exkremente tagtäglich von den Gehwegen.

Juans Arbeitsplatz

Der gesetzliche Mindestlohn betrug während unseres Aufenthalts pro Monat für eine Vollzeitbeschäftigung fünfhundertfünfzig Dollar. Das entsprach beim momentanen Wechselkurs etwas weniger in Euro. Juans Gehalt überstieg den Mindestlohn nicht, doch er wurde ihm in der Position des Encargados immerhin regelmäßig ausbezahlt. Die zahlreichen Straßenverkäufer und Gelegenheitsarbeiter hatten keine Chance, ihn zu erklimmen. Noch niedriger war das Mindesteinkommen in den Nachbarländern Uruguay (360 $) und Bolivien (180 $).

Juan bestritt mit seinen Einkünften seinen Lebensunterhalt und den seiner jüngeren Kinder. Sie lebten inzwischen bei seiner geschiedenen Frau. Manchmal verbesserte er sein Gehalt mit nächtlichem Zeitungsaustragen. Selbst mit seiner Einsatzbereitschaft war das nur wochenweise durchzuhalten. Die fehlenden Stunden Schlaf zwischen ein und sechs Uhr morgens nagten auf Dauer zu mächtig an der Gesundheit. Dem war auch mit einem starken Willen nicht beizukommen. Nach Juans Erzählungen starb sein Vater genau deshalb viel zu jung. Um seine Familie durchzubringen, hatte er sein kurzes Leben lang Tag- und Nachtjobs gehabt.

Wenn auch die Lebenshaltungskosten vergleichsweise niedrig waren, war Luxus für Juan nur in kleinen Dosen möglich. Einem Flachbildfernseher hatte er nicht widerstehen können. Dass er ihn über Jahre abbezahlte, war nebensächlich – das musste es sein. Technische Geräte produziert das Land kaum. Da sie größtenteils importiert werden, liegt ihr Preis über dem der Produkte derselben Art, die man in Europa erwirbt. Eine Flugreise hätte Juan zu gerne gemacht. Aber Ticketpreise ähneln sich überall und sind in Ländern der Dritten Welt nicht günstiger zu haben. Juan gehört zu den Menschen, die wenn, dann nur durch einen glücklichen Zufall je ein Flugzeug besteigen. Nichtsdestotrotz sprühte er, was er auch seiner Einstellung verdankte: „Für jeden scheint die Sonne. Für jeden!".

Zugegebenermaßen stellt sich diese Anschauung leichter ein, wenn sie klimatisch der Realität entspricht. Juan war in dieser Hinsicht kein Einzelfall. Leuchtet und wärmt tatsächlich an den meisten Tagen unser Fixstern, und kann man sich ohne rot gefrorene Nase und Ohren ständig im Freien bewegen, und braucht sich folglich auch nicht von gelegentlicher Einsamkeit in den eigenen vier Wänden erschlagen zu fühlen, lebt es sich zumindest in dieser Beziehung definitiv ziemlich leicht. Die Mittel- und Nordeuropäer würden kaum das südeuropäische Lebensgefühl derart schätzen und viele ihrer Urlaube in diesen Ländern verbringen, spürten sie das nicht ebenso.

Die Hausbewohner grüßten Juan Carlos auffallend unterschiedlich. Manche ließen ihn den Klassenunterschied merken und rieben ihm diesen durch herablassende Sprache und Körperhaltung unter die Nase. Die meisten behandelten ihn freundschaftlich und respektvoll. Manche brauchten ihn dringend. Wurde es im Flur laut, war klar, dass sich die ältere Dame von nebenan ausgesperrt hatte. Sie litt an Alzheimer und Altersschwäche. Ihr einziger Sohn konnte nicht immer anwesend sein. Jede zweite Woche baute Juan Carlos ihr Türschloss aus und wieder ein.

Auch als Totengräber der Haustiere war er aktiv. Eines Morgens stand er in der Zwischenfläche von unserem zum angrenzenden Hochhaus. Eben hatte er ein Katzengrab geschlossen und meinte: „Was denkt ihr wohl, wie viele Tiere ich hier schon begraben habe?" Er zeigte uns den Streifen, unter dem Hund an Hund und Katze an Katze ruhten. Sechs in etwa gleiche Hochhäuser standen in dieser *cuadra*, auf diesem Block. Zu jedem gehörte ein inoffizieller Tierfriedhof.

Juan auf dem Hochhausdach

Blick vom Hochhausdach

Die Unterhaltungen mit Juan waren oft grundlegend informierend und stets vergnüglich. Manchmal jedoch leicht anstrengend. Von ihm lernte ich auch einige argentinische Umgangsweisen zu deuten. Hat man sich erst an sie gewöhnt, wird es leichter. Eine solche erschloss sich mir durch die Art, wie Juan uns Wege erklärte. Mit entfalteter Stadt- und Landkarte standen wir vor unserem Auto.

„Also, ihr biegt hier vorne sofort ab, fahrt dann über die *Cabildo*, sie wird später zur *Avenida Maipú*. Aber vorher kommt die Auffahrt auf die Ringautobahn! Die *General Paz*. Die dürft ihr nicht verpassen! Habt ihr's verstanden?"

„Ja, haben wir. Danke!"

Aber einsteigen ließ er uns nicht.

„Passt auf, ihr biegt hier sofort ab! Dann fahrt ihr…." und die ganze Beschreibung erfolgte von neuem.

„Habt ihr verstanden?"

„Ja! Es ist jetzt wirklich klar, wir finden den Weg. *Muchisimas gracias!*"

Fast mussten wir seine Hände von den Karten schieben, um diese einpacken zu können. Als wir es schließlich bis auf unsere Autositze geschafft hatten, bestand er auf einen weiteren Durchgang und ließ uns die Türen nicht schließen: „Sofort müsst ihr abbiegen! Denkt dran! Die Cabildo heißt später Avenida Maipú…."

„Ja, Juan, das wissen wir jetzt!"

Nach einer dieser Szenen ging mir das Licht auf. Wir deutschen Lehrer konnten uns in der Schule nur schwer damit abfinden, dass unsere Schüler nicht sofort zuhörten. Sie mussten das schlichtweg nicht gewöhnt sein! Im Gegenteil, sie schienen eher auf Wiederholungen eingestellt. Was man beim ersten Mal nicht hörte, nahm man vielleicht beim zweiten Mal auf. Wenn auch dann nicht, folgten sicher noch eine dritte und eine vierte Runde.

Änderte man dahingehend seine Haltung und passte sich der Gegebenheit an, freilich ohne die eigene Intention aus den Augen zu verlieren, reduzierte das den persönlichen Stresslevel und Energieverbrauch. Ich machte es mir zu Eigen, genauso wie Juan vieles einfach oft zu sagen. Mit durchschlagendem Erfolg!

Manchmal bot sich Juan die Möglichkeit zu einem Extraverdienst. Er fungierte als Makler, wenn eine Wohnung im Haus verkauft wurde. Unter der Vielzahl von Personen, mit denen er tagtäglich einige Sätze wechselte, waren immer Wohnungssuchende. Vor Jahren fiel die Provision großzügig aus und er kaufte sich auf Raten außerhalb der Stadt ein Grundstück mit Haus für zwanzigtausend Dollar. Es war als Alterssitz gedacht und es zog ihn sehr dorthin. Bei jedem Sturm redete er von den Bäumen, die dieser bestimmt beschädigen würde und die er am folgenden Sonntag nach seiner Sechstagewoche in Ordnung bringen wollte. Bei Hagel bedauerte er die Rosen. Sein Garten war ein durch und durch liebevoll angelegter kleiner Park, den man schwerlich an so einem doch recht bescheidenen Ort vermutet hätte.

Beim Grillen

An einem Hochsommersonntag im Januar lud er uns zur typisch argentinischen *Parrilla*, also zum Grillen, ein. Die Beilagenmenge machte im Verhältnis zum Fleisch ungefähr zwanzig Prozent aus, wie immer und wie überall im Land der Rindersteaks. Mit von der Partie war allerdings auch ein aufdringliches Ameisenvolk. Es machte sich während des Gelages über unsere Füße her, es wollte auch Fleisch. Die Tierchen von ganz durchschnittlicher Größe und dunkler Farbe ließen nicht erahnen, wie arg die Sekrete ihrer Mundwerkzeuge brannten. Leider noch tagelang, bis sich kleine Bläschen auf der Haut bildeten. Ausgedrückt heilten sie dann schnell. Jetzt erfahrener im Wandeln über hübschen Rasen, der nicht mit Insektiziden behandelt wurde, nahmen wir uns vor, Juan und seinen Garten kein zweites Mal ohne geschlossene Schuhe zu besuchen. Egal bei welcher Temperatur! Er selbst trug feste Stiefel und hatte bloß vergessen, uns vorsorglich auf ihre Notwendigkeit hinzuweisen.

Juans Haus

Das Haus unseres Encargados verdiente kaum diese Bezeichnung und verdeutlichte den Kontext seines beschwerlichen Lebens und welche Mühen es abverlangte. Bis auf die Mauern fehlte es ihm an allem. Einem dichten Dach, Glasscheiben, Fliesen im Bad, Warmwasser. Nichts davon war vorhanden. Aber der Hauptraum war geschmückt – mit Zimmerpflanzen in rostigen Dosen als Töpfen. Sie waren die Zeugen für Juans immerwährenden Optimismus. Er machte es sich schön, ließ es wachsen und gedeihen. Wir sahen alles wieder, was wir ihm jemals überlassen hatten. Handtücher, Tassen (bei jeder gekauften Packung Kaffee geschenkt vom Supermarkt), Dekorationsgegenstände. Wäre uns nur früher bewusst gewesen, wie viel mehr er hätte brauchen können! Er bat nie um etwas, bot nur immer seine Hilfe an. Woher nahm er nur solche

Bescheidenheit und Großzügigkeit? Er musste doch noch über weitere, hochwirksame – aber nicht unbedingt vielen bekannte! – Glückspillen verfügen, die er sich rezeptfrei einschmiss. Keine chemischen, sondern lebenskluge. Und um diese war er zu beneiden!

Juans Garten

Nichts, was den Wert von fünf Euro überstieg, nahm Juan Carlos mit zu seinem Landwohnsitz. Es würde ihm doch wieder geklaut werden, so sprach er. Es war schwer vorstellbar, dass sich jemand die Mühe machte, die Tür eines Hauses wie des seinen aufzubrechen, ohne dass man einen Blick ins Umland warf. Da begann die offene Pampa und mit ihr die Erklärung. Aus Paraguay zugewanderte Guaraní ließen sich dort nieder. Sie lebten in eher zusammengestellten als genagelten Hütten, bestehend aus allem, was sich einsammeln und verwenden ließ. Wenn alles fehlt, sogar die Heimat, in der man keine Zukunft mehr sieht, dann unternimmt man den Versuch, beim nächst Wohlhabenderen ein paar lausige Küchengegenstände zu entwenden. Wer würde das nicht tun?

Juan schlug zwei Fliegen mit einer Klappe. Er bot einer dieser Familien einen Nebenraum seines Wohnbereiches kostenlos an und beauftragte sie als Gegenleistung, auf seinem Grundstück nach dem Rechten zu sehen. Es funktionierte eine Zeit lang, mehr oder weniger. Die Perspektive weit genug zu wechseln, um das Handeln von Menschen zu verstehen, denen fast jede Art von Bildung verwehrt blieb, erfordert einiges an Toleranz und Übung. Juan übte. Die Guaranífamilie hatte drei Kinder. Das erste Mädchen war geboren worden, als die Mutter selbst noch ein Kind war. Das zweite war im selben Alter wie unsere Tochter und das dritte ein Baby. Szenen wie jener Anruf des Familienpapas bei unserem Encargado gab es ständig:

„Juan, wir haben keinen Zucker. Dürfen wir aus deiner Küche ein Pfund nehmen und es später wieder zurückbringen?"

„Ja, ich denke, es ist Zucker da. Nehmt ihn und das nächste Mal ruft nicht extra an. Ein Pfund Zucker kostet einen Peso und fünfundzwanzig Centavos, der Anruf kostet zwei!"

War es purer Zufall, dass mit dem Zucker auch der Lampenschirm des Wohnzimmers abhanden kam? Oder hatte der Zucker nur als Vorwand für das Entwenden des Schirms gedient? Selbst Juan fand in solchen Fällen nie heraus, was Fügung war oder dem Selbsterhaltungstrieb seiner Schützlinge entsprang. So ließ er es großherzig und mit einem Augenzwinkern dahingestellt.

Trotz der Ungereimtheiten ließ Juan der mittellosen Familie zukommen, was er entbehren konnte. Und wir schlossen uns ihm an, nachdem wir mit Entsetzen die fauligen Milchzähne des kleinen Guaranímädchens registriert hatten. Außerdem besaß es keinerlei Spielsachen. Wie denn ohne Farbstifte malen üben? Und wie ohne Förmchen Sandkuchen backen? Wie ohne jegliche Hilfsmittel grundlegende motorische Fähigkeiten erlernen, die den Schuleintritt (falls er je stattfand) erleichterten? Schmetterlinge, durch den Garten hüpfende Frösche und Suppen aus gezupften Blumen sind zwar etwas Wunderbares, aber kompensieren trotzdem nicht das, was fehlt.

Fortan nahm Juan all das für seine Guaraní mit, was wir im Überfluss hatten. Samt unserer Hoffnung, die Eltern würden wenigstens ab und zu die Zahncreme bei ihrer Tochter benutzen und mit ihr zusammen ein Puzzle legen. Doch ohne eine eigene Grundbildung, und sei sie noch so gering, sehen viele Eltern den Sinn darin nicht. Ein generationsübergreifend beschränkendes Dilemma.

Nach einigen Monaten beschloss die Familie, sich eine Hütte auf dem umliegenden Land zu bauen und näher bei ihresgleichen zu leben. Keinerlei Elektrizität oder Wasseranschluss waren vorhanden. Dort saß die Mama kurz darauf mit ihrem Baby, ihrem Kleinkind und ihrer Teenagertochter. Allein. Der Papa war ausgezogen, sein Glück zu machen, gab an, irgendwo Geld zu verdienen, das bei Frau und Kindern nie ankam.

Zugegeben, das ist keine neue Geschichte. Man kennt sie. Doch erlebt man sie direkt, hautnah, bohrt sie sich einem wie Drahtspitzen ins Herz und durch die Löcher schlüpfen winzige Einsichten in die Gefühlswelt und das Erleben der Akteure. Plötzlich kann man sich nicht mehr sicher sein, ob man sich an ihrer Stelle nicht genauso verhalten hätte wie sie. Und zwar egal, an wessen Stelle. An der der Mutter, die verzweifelt Juans Hilfe erbat. An der des flüchtenden Vaters, dem die Familie über den Kopf gewachsen war. Oder an der der ältesten Tochter, die Gefahr läuft, auf der Suche nach Halt und Liebe als Teenagermutter zu enden – genau wie ihre Mama. Und deren Mama. Und den Mamas davor und auf den Grundstücken rechts und links daneben.

Ein Kommentar eines befreundeten Kinderarztes zu den Handlungsweisen der Mütter, die in Elendsvierteln leben, in denen er tätig war, und die nie zur Schule gegangen sind, zeigte weitere Gründe für den Kindersegen. Den mittellosen Frauen wurde die Pille kostenlos zur Verfügung gestellt. Die Einnahmeanweisungen interpretierten sie aus fehlender Übersicht der Konsequenzen nach eigenem Ermessen. Entweder teilten sie sich eine Packung mit einer Freundin – einen Tag du, einen Tag ich – oder sie steckten sich die Tabletten direkt in die Scheide. Dahin, wo sie wirken sollten. Unschlagbare Schlussfolgerungen aus Mangel an minimalem Grundwissen.

Schätzungen zufolge leben in Argentinien zweieinhalb Millionen Paraguayer und eineinhalb Millionen Bolivianer. Während Zuwanderer aus Europa willkommen sind, wächst die Ablehnung gegenüber den Immigranten aus den ärmeren Nachbarländern. Eine bessere Zukunft ersehnend, lassen sie sich in den *Villas Miserias*, den Elendsvierteln, nieder. Steigende Kriminalität und Verwahrlosung sind triste Folgen, ebenso wie die Reaktion der Bevölkerung.

In den kurz als *Villas* (im argentinischen Spanisch *Wieschas* gesprochen) bezeichneten Hüttensiedlungen sind fünf bis zehn Prozent der Stadtbevölkerung von Buenos Aires gepfercht. Die größte, die Villa 31, liegt beim Bahnhof Retiro, im urbanen Zentrum, und zählt rund sechsundzwanzigtausend Bewohner. Der Zubringer auf die Autobahn, nahe der Busbahnstation, führt auf einer Brücke über diese Villa. Die Fahrt oben entblößt das Unten. Wäscheleinen, glaslose Fenster, Kinder im Schmutz, provokativ an Ecken lehnende Raufbolde, zerbrochene Flaschen gemischt mit Plastikmüll, mit Zweigen fegende Frauen, eine Schar Nachwuchs am Rock hängend, einen Säugling auf dem Rücken, manchmal einen zweiten vor der Brust, hier und da eine buntbemalte Mauer, ein Versuch, Farbe in den Gossengassen unterzubringen. Der Kontrast zur umliegenden Hochhaussilhouette: irreal. Es ist wenig ratsam, sich eine Villa von einer anderen Warte als einem Busfenster aus anzusehen. Neugierige Schaulustige werden nicht geduldet, selbstverständlich noch weniger ihre Wertgegenstände.

2010 kam es zum Zusammenstoß von Sicherheitskräften und undokumentierten Einwanderern aus den Villas. Sie versuchten, demonstrierend in einem Park auf ihre problematische Situation aufmerksam zu machen. Seither laufen Bemühungen, im Rahmen des so genannten *Promeba*, die Kurzform des *Programa de Mejoramiento de Barrios* (Programm für die Verbesserung von Vierteln), die Zugereisten zu legalisieren, ihre Viertel mit einem Minimum an Infrastruktur (Strom, Trinkwasser, Sanitäranlagen) auszustatten und die Menschen aus Villas, die in Überschwemmungsgebieten leben, in Sozialwohnungen umzusiedeln.

Manchmal hat man die Tendenz zu meinen, diejenigen seien sicherer vor Überfällen und Verbrechen, die ihr Viertel in- und auswendig kennen und ihr ganzes bisheriges Leben in ihm verbrachten. Ein Trugschluss. Gewalt kann jeden treffen, genau wie Erkenntnis, genau wie Zufall oder Glück. Je nach Fügung, zur falschen (oder richtigen) Zeit eben am richtigen oder am falschen Ort gewesen zu sein.

Von einer Reise zurückgekommen fanden wir einen bedauernswert geknickten Juan. Er war ausgeraubt worden. Zwei Straßen vor unserem Haus! Auf der Bank war er gewesen, einen Stapel Rechnungen mit sich, die an einer anderen Bank bezahlt werden mussten. Dafür hatte er seinen gesamten Monatslohn abgehoben und war dabei beobachtet worden. Die Methode der Täter ist gängig und bewährt. Einer platziert sich (als Wachmann verkleidet, und denselben geschmiert) am Bankautomat und erspäht, wer eine erbeutenswerte Summe zieht. Entdeckt er ein Opfer, verständigt er seine Komplizen, die an den umliegenden Straßenecken positioniert warten, bewaffnet und nicht selten in ihren Absichten bestärkt durch den Rausch einer Droge.

Aus der Bank kommend wurde Juan an der nächsten Garageneinfahrt von zwei Motorradfahrern ein Messer an die Halsschlagader gepresst. Geistesgegenwärtig wollte er zügig sein Geld aushändigen, um den Rest nicht hergeben zu müssen. Doch die Verbrecher sind in solchen Situationen selbst in brisanter Anspannung, was man nie vergessen darf. Genau das kann einen das Leben kosten. Juan vergaß es nicht und stand still. Trotzdem blieb ihm in der Eile der Ganoven keine Möglichkeit, wenigstens seine entleerte Geldbörse zu behalten. Der Verlust der sich darin befindenden Fotos und Erinnerungen schmerzte, aber die Wiederbeschaffung der verlorenen Dokumente und Ausweise – ein ellenlanger Rattenschwanz – noch mehr.

In Argentinien gibt es keine Bank- und Mitgliedskarte umsonst, alles muss bezahlt werden, mit Pesos und zeitraubender Bürokratie. Die Beträge bewegen sich pro Karte um die zehn Euro. Bei mehr als fünf fehlenden Karten, ohne Erspartes und einem ganzen abhanden gekommenen Monatsgehalt wird das ruckzuck zur kaum überwindbaren Hürde. Zusätzliche Steine legen von jeder Logik freie Vorgänge in den Weg. Ohne Fahrzeugpapiere keine neue Mitgliedskarte beim *ACA* (*Automóvil Club Argentino*, seine Funktion lässt sich mit dem Deutschen ADAC vergleichen), und ohne dortigen Mitgliedschaftsnachweis keine Handhabe zu beweisen, dass man der Vehikelbesitzer ist. Geldscheine helfen. Aber an die musste Juan erst kommen.

Ist es also nichts als eine oberflächliche Geste, wenn sich Männer mit Wangenküssen begrüßen, wie wir bei unserer Ankunft hinterfragten? Würde es zu mehr Friedfertigkeit führen, wenn nicht der soziale Druck aus Armut und perspektivloser Aggression trotz allem überwöge? Der Effekt der Küsse bleibt aus dieser Warte betrachtet im Alltag zwar angenehm, kann bedauerlicherweise jedoch im Hinblick auf die ungelösten Probleme nicht manche viel zu früh und allzu dick gewordene Haut durchdringen.

Eine sehr menschliche und warmherzige Episode war die Loyalität vieler Bewohner des Hochhauses zu ihrem Encargado. Sie organisierten kurzerhand eine Sammlung für Juan und konnten so einige Schwierigkeiten abfedern. Wie meistens und fast überall und in jeder Gesellschaft zu beobachten ist, waren diejenigen am großzügigsten, die anstatt eines fetten Bankkontos ein großes Herz besitzen. Weil auch Juan ein solches hat, gaben sie ihm, was sie loslassen konnten. Einen solchen Juan vermisst man, bis heute.

Winter in Argentinien – und Sommergrüße nach Deutschland!
Eine Mail im Juni an Verwandte und Freunde

Auf dem unteren Teil der Südhalbkugel ist es frisch geworden und wir heizen. Der Sommer scheint mir schon Monate her. Lange Hosen und Jacken müssen jetzt getragen werden. Eineinhalb Jahre sind seit der Einreise vergangen, jetzt folgt unser zweiter Winter. Regen fällt auf Buenos Aires und das Grasland der sich über einen Radius von vierhundert Kilometern ins Landesinnere ausdehnenden Pampa vornehmlich im Sommer. Deshalb brilliert im Winter fast täglich am herrlich stahlblauen Himmel die Sonne. Sie lässt einen die fünfzehn Grad um die Mittagszeit wärmer empfinden, als sie tatsächlich sind. Nachts unter zehn Grad. Manche Kollegen schwärmen davon und hoffen, dass es schneit. Uns ist es entschieden zu kalt!

Der letzte Schnee fiel auf Buenos Aires im Jahr vor unserer Einreise (2007) und war das Winterereignis schlechthin, auch wenn er nur für Minuten auf den Straßen lag. Bedenkt man, dass es das erste Mal seit siebzig Jahren war, vollzieht man die Begeisterung blitzschnell nach. Aber auch ohne ist es kalt genug, um die Gier nach einer wärmeren Sonne zu wecken, und sei sie künstlich. Solarien beweisen es. Zuerst verwundern sie, vermutet man sie doch nicht in einem sonnendurchströmten Land. Bald schloss ich mich aber denen an, die in zehnminütigen Kurzurlauben auf der Sonnenbank den Job aus- und einen Sandstrand einblendeten.

Doch es gibt zwischendurch immer wieder fast frühlingshafte Tage. Weil nur wenige Bäume das Laub verlieren, bleibt die Stadtlandschaft trotzdem farbig. Sie versinkt in keinem Grau. Mit jeder Woche wächst unsere Liebe zur Metropole und zum Land, auch wenn wir noch längst nicht alles verstanden haben, beispielsweise das Selbstbild der Argentinier und wie sie ihre Identität definieren. Europäer oder Südamerikaner? Mestizen oder Einwanderer? Die Antworten fallen schwer und widersprechen sich. Fragmentarisch beginnen wir zu erfassen, welche Verhaltens- und Denkweisen begünstigen, dass das Land, trotz momentanem Aufschwung, im In- und Ausland als instabil eingestuft wird. Bausteinchen lieferten uns das lange Ignorieren von Missständen, wobei die Läuse als exemplarisch gelten dürfen. Auch das den Blick verstellende, unangreifbare Selbstwertgefühl der Porteños, der in Buenos Aires Beheimateten, wirkt sich aus. Aus Bausteinchen sollen Bausteine werden, aus Puzzleteilen ein ganzes Bild, das, so der Himmel will, mehr ablesen lässt.

Ron und Aurora genießen ihre Tage in den Parks und beim Schaukeln, ich meistere die Schule, versuche es. Seit Schuljahresbeginn Anfang März sind vier Monate verstrichen. Pausenlose Monate. Mit täglichem Unterricht von acht Uhr morgens bis Viertel nach vier nachmittags. Auch freitags. Danach Besprechungen, korrigieren, die Stunden für den nächsten Tag vorbereiten, kochen, mal was essen und, wenn Zeit bleibt, schlafen. Die Schüler werden täglich ferienreifer und somit ungeduldiger, unkonzentrierter, ungehaltener, ja, man darf es sagen, unerträglicher.

Kräftemäßig geht es uns Lehrern genauso, nur mit dem Unterschied, dass wir immer noch mehr Power aufbringen müssen, um damit die schwindenden Energien unserer Schützlinge auszugleichen. Wenn ich in die ermatteten Gesichter im Lehrerzimmer schaue, möchte ich sofort ausblenden, wie mein eigenes aussieht. Spiegel vermeiden! Wir alle, wirklich alle, wünschen uns die kurzen Winterferien Ende Juli herbei und hoffen, bis dahin ohne Erschöpfungskollaps über die Runden zu kommen.

Die komplette Schulbelegschaft so zu sehen, lässt einen unablässig das System überdenken. In der Wochenanzahl unterscheidet sich die Dauer der Ferien nicht wesentlich von der deutschen. Wohl aber ganz entschieden in ihrer Verteilung! Zwischen Schulstart und den Winterferien liegen zwanzig Schulwochen. Danach wird das Schuljahr bis zu dessen Ende im November lediglich an manchen Schulen durch eine weitere Woche Frühjahrsferien im September unterbrochen. Anspannung und Entspannung wechseln sich nicht in überschaubareren Etappen ab. Kräfte werden bis zum Letzten aufgebraucht und dürfen sich erst während der fast dreimonatigen Sommerferien regenerieren. Die lange Freiheit ist dann natürlich eine feine Delikatesse. Ob sie den langwierigen Marathon dazwischen aufwiegen kann, sei dahingestellt und liegt im Ermessen des Einzelnen.

Bei achtstündigen Schultagen findet das Leben der Kinder von klein an mehr in der Schule als zu Hause statt. Das macht den emotionalen

Kontakt zur Schulfamilie eng und nah, zu Lehrern genauso wie zu Mitschülern. Das Zusammengehörigkeitsgefühl unterstreicht die Schulkleidung. Sie wird sogar mit Stolz getragen. Nur in den letzten Schuljahren ersetzen die fast Erwachsenen die jogginganzugähnlichen Hosen durch Jeans. Sogar nach dem Abitur tingeln bei Feiern Ehemalige zurück zur Schule und setzen sich bei der Abiturzeugnisausgabe späterer Jahrgänge neben ihre früheren Lehrer, als wären diese ihre Tanten und Onkel.

Nach dem Unterricht ist von den Tagen nicht mehr viel übrig und so haben die Schüler kaum Gelegenheit, sich gegenseitig zu Hause zu besuchen. Auch für Hausaufgaben bleibt wenig Zeit, sie dürfen nur geringen Umfang haben. Private Themen besprechen die Teenies in der Schule. Das geht zu Lasten des Unterrichtes – was auch sonst? Es kann bis zu zehn Minuten dauern, bis alle nach einem Stundenwechsel im richtigen Klassenzimmer und auf ihren Plätzen angekommen sind. Viele Wiederholungen sind nötig, neuer Sequenzen und der Arbeitsanweisungen, bis sie zu den Adressaten durchdringen. Gedankt sei Juan, der mich das lehrte!

Unfair ist die Überheblichkeit mancher Jugendlicher, mit der sie Personen von „geringererem" Status behandeln. Hier ist Ähnliches zu beobachten wie bei den Bewohnern eines Hochhauses im Umgang mit dem Encarcado. Die meisten Schüler bringen zwar dem Portier und den zahlreichen Angestellten der Schule Respekt entgegen, es gibt aber auch welche, die unterschiedliche soziale Schichten spüren lassen wollen und auf Anweisungen mit Äußerungen reagieren wie: „Mein Vater bezahlt dich. Du hast mir nichts zu sagen!"

Auch die Gehälter von Gärtnern, Handwerkern (es gibt eine kleine Schreinerei in der Schule), Einkäufern (von Kopierpapier, Klopapier, Werkmaterialien, Schulbüchern), Reinigungspersonal, werden neben denen des Verwaltungsapparates mit dem Schulgeld beglichen, das die Eltern entrichten.

Der Nährboden der Arroganz mancher Schüler ist das auch im Vergleich zu den argentinischen Lehrern überlegen hohe Einkommen mancher Eltern. Es ermöglicht zu Hause Bedienstete und Europaurlaube (in Argentinien beliebter als die USA). Unsensible Jugendliche meinen schnell, dass jeder nach ihrer Pfeife tanzen sollte. Ihrer Meinung nach hat der Portier nicht das Recht (er hat es!), die verbotene Raucherpause vor der Schule zu beanstanden. Sie nehmen sich hochmütig heraus, die Kritik eines in ihren Augen niedriger Gestellten zu ignorieren.

Die Pestalozzi-Schule ist eine reine Privatschule und es ist keinesfalls eine Selbstverständlichkeit, sich eine solche leisten zu können. Sie beginnt mit dem Kindergarten, der pro Monat stolze zweihundert Euro verlangt. Wir bekamen den Mitarbeitertarif, die Pauschale minus siebzig Prozent. Die Primaria (Grundschule) dauert sechs Jahre und berechnet dreihundert Euro. Weitere sechs folgen in der Sekundarstufe, der *Secundaria*, deren Abschluss zum Studium berechtigt. Hier steigt das Schulgeld auf fünfhundert Euro. Nicht wenige Familien bezahlen die Beträge für gleich drei Kinder, aber nicht alle gleich mühelos. Manche verzichten dafür auf alles andere, wohnen in zu kleinen Apartments und verkneifen sich jeden Wochenendausflug. Großeltern, Tanten und Cousins steuern bei. Schüler aus solchen Familien sind an ihrer Ausstattung auszumachen. Sie tragen über die Jahre löchrig gewordene Schulkleidung von Geschwistern auf und besitzen weder Handys noch MP3-Player.

Wer je einen Blick in eine staatliche Schule geworfen hat (ich werde Gelegenheit dazu haben), dem liegen die Gründe der Eltern für eine Privatschule sofort offen. Sie finanziert mit dem Schulgeld auch die Lehrer, die je nach Vertrag und Erfahrung neunhundert bis tausendzweihundert Euro verdienen. Die deutschen Pädagogen beziehen ihr Gehalt aus Deutschland, entlasten dadurch das Budget der Schule und heben die Qualität des Unterrichts, ihrer Ausbildung wegen. Die argentinischen Lehrer durchlaufen sie in der Regel nicht im selben Maß. Selbst wenn Privatschulen im Normalfall nur ausreichend Ausgebildete anstellen, werden Ausnahmen gemacht. Ab und an decken Ex-Schüler, die selbst erst vor kurzem die Schule beendet haben, ein paar Stunden ab. Man greift ihnen so bei der Finanzierung des Studiums unter die Arme und ermöglicht ihnen ein kleines Gehalt. Die Qualität dieses Unterrichts? Man kann sie sich vorstellen.

Theoretisch verfügen Lehrer staatlicher Schulen auch über ein Studium in ihrem meist einzigen Fach, das sie unterrichten. Sind jedoch Lücken im Stundenplan zu schließen, kann der Studiennachweis schnell durch die Aussage: „Ich kann das!" ersetzt werden.

Laut einer Erhebung im Jahr 2005 beträgt die Analphabetenrate in Argentinien 2,8% (Deutschland: 0,6%). Sie gliedert sich gemäß dem

Qualitätsgefälle der Schulabschlüsse von Privatschulen zu staatlichen Schulen, von der Stadt zum Land und vom Süden des Landes zum Norden.

Die besten Aussichten auf einen hohen Bildungsgrad hat man an einer Privatschule in Buenos Aires. Wer aber in den oberen Klassen aus Deutschland dorthin wechselt, mag das anders sehen. In diesem Schuljahr hatten wir zwei deutsche Neuzugänge, einen Jungen in der achten Klasse und ein Mädchen in der neunten. Beide waren zweisprachig, ein Elternteil argentinisch, der andere deutsch. Die Kinder hatten ihre bisherige Schulzeit ausschließlich in Deutschland verbracht. Der jeweils argentinische Elternteil war zurück in die Heimat gezogen und beide hatten die Wahl, in welchem Land sie weiterhin zur Schule gehen wollten. Der Junge beteiligte sich nicht besonders am Unterricht, das Mädchen bemühte sich sehr.

Nach wenigen Monaten entschieden sie unabhängig voneinander, zurück nach Deutschland zu gehen. Das Mädchen: Es wolle die Schule in dem System beenden, in dem es sie begonnen habe. Die Aussage des Jungen, erstaunlich wie signifikant, weil er sich so desinteressiert am Unterricht und dafür umso interessierter an Freizeitaktivitäten zeigte: Die Qualität reiche ihm nicht und manche der argentinischen Lehrer seien zu unstrukturiert. Auch die vorschriftsgemäß erbrachten Leistungsnachweise in gleich fünf Zeugnissen pro Schuljahr können die Eigenlerninitiative nicht genug ankurbeln, um diese Defizite auszugleichen. Es zeigt sich nur, wie abhängig die Beschulten sind und wie sehr wir ihnen verpflichtet!

Basta mit Unterricht, Schule und Lehrerdingen und zu einer Mixtur aus Ironie, Ulk, Wonne und Tragik, die uns der argentinische Alltag im Lauf der Zeit zusammenrührte. Auf dubiose Weise scheinen die Argentinier über wesentlich „haltbarere" Lebensmittel zu verfügen, als wir sie bisher kannten. Toastbrot, Sahne und dergleichen kann man ohne weiteres zehn Tage geöffnet herumliegen und -stehen lassen. Trotz der hohen Luftfeuchtigkeit schimmelt nichts! Nach dem Chemiegehalt fragt man besser nicht. Den gleicht man mit dem täglich frischen Obst aus, das wahrlich eine Wonne ist. Im Salat aus dem Supermarkt überleben erstaunlicherweise richtige Läuse. Er kann also nicht mit vielen Pestiziden behandelt sein. Tomaten schmecken immer intensiv, nie nach Treibhaus, auch jetzt im Winter. Avocados konsumieren wir in rauen

Mengen, sie sind ebenso wie Mangos und Ananas immer und in bestem Zustand zu haben.

Nicht zu übergehen, die aus triftigem und gutem Grund berühmten und geschmacklich einzigartigen Rindersteaks. Guten Gewissens verzehren wir wöchentlich mehrere davon, denn wir haben die Kühe auf ihren Weiden gesehen. Frei, auch von Antibiotika, trotten sie, ihren natürlichen Bedürfnissen folgend, in Hundertschaften über bis zum Horizont reichende Grasflächen.

Wenn einem die Hochhäuser der Innenstadt zu viel werden, möchte man an manchen Tagen ernsthaft für ein paar Stunden mit den Angusrindern tauschen. Sie wurden im sechzehnten Jahrhundert aus England und Schottland importiert, in die für sie optimalen Bedingungen am Río de la Plata. Statistisch steht jedem Rind eine Fläche von zehn Quadratkilometern mit hundertsechzig Grassorten zur Verfügung. Zugefüttert wird nichts. Gar nichts. Auch keine Vitaminpräparate oder Hormone. Das fettarme Fleisch hat an Qualität und Geschmack nichts mit dem aus der europäischen Massentierhaltung gemein. Außer, dass es einst auf vier Beinen unterwegs war. Kurios: die Zahl der Rinder liegt um die fünfzig Millionen und übertrifft damit die der Menschen im Land um ein Zehnfaches.

Pampakühe

Vom Benutzen unserer Badewanne musste ich frustriert absehen. Das Wasser kühlt innerhalb von Minuten aus. Der Rücken wird auch im kurz heißen Wasser kalt. Es sei denn, man hält ihn mit komischen Verrenkungen dem Wannenboden fern. Und das lässt freilich keine Entspannung zu. Ein bisschen Styropor unter dem Bademöbel hätte bestimmt die Macht besessen, das Wunder des genüsslichen Badens sicher zu stellen. Mir bleibt, heiß zu duschen und mich dabei aufzuwärmen. (Später, als wir unsere Katze hatten, fand sich eine zweckentfremdete Verwendung der Wanne: Das kluge Tier wollte seine Pfötchen an der Streu seines Klos nicht beschmutzen und pieselte zielgenau in den Ausguss! Und ersparte uns so das Säubern des Katzenklos).

Die „Qualität" manch anderer Gebrauchsgegenstände besitzt ebenfalls einen zweifelhaften Charakter. Wir haben die zweite Klospülung und die dritte Salatschüssel. Noch viel mehr muss ständig entsorgt und ersetzt werden. Wäre das erahnbar gewesen, hätten wir unsere zehnjährigen Schüsseln aus Deutschland mitgebracht. Sie hätten viel getaugt, auch anderen noch, nach unserer Abreise, denn selbstverständlich hätten wir sie kein zweites Mal über den Atlantik transportiert. Alternativ greifen wir inzwischen, abgeschaut von den Argentiniern, auf *la gotita* (das Tröpfchen) zurück. Einen, für hiesige Verhältnisse äußerst effektiven Sekundenkleber. Dazu prädestiniert, die Lebensdauer mancher Gegenstände zu verlängern. Spaßeshalber wird einem sogar geraten, bei Anschaffungen gleich eine Tube *gotita* dazuzuerstehen.

Es ist keine anheimelnde Vorstellung, an den Müllberg zu denken, den auch der Sekundenkleber nicht verhindert. Nach jedem Supermarkteinkauf stehen wir vor einem Plastiktütenberg. Buenos Aires produziert täglich zweitausendfünfhundert Tonnen Abfall, die zweiunddreißig Kilometer südwestlich der Hauptstadt in der Deponie von *González Catán* abgeladen werden. In den 1980er Jahren wurde dort ein Loch ausgehoben. Dass Schulen und öffentliche Einrichtungen der Gegend kostenlos mit abgefülltem Trinkwasser versorgt werden, werten die Anwohner als Eingeständnis für die unzumutbare Wasserqualität. Bakterien und Chemikalien treten aus der Deponie. Greenpeace kämpft seit 2003 für ein Gesetz, das die Mülltrennung regelt. 2005 wurde dem ein Stück weit stattgegeben und versprochen, das Abfallaufkommen bis 2012 zu halbieren. Mit der Umsetzung begann man bis heute nicht!

Das Ignorieren weniger Läuse im Kindergarten führte vor unseren Augen zum massiven Befall aller Kinder. Wohin führt das Ignorieren des Abfalls, der kurzerhand eingebuddelt wird? Und was bewirkt es in den Köpfen der Zaungäste, wenn auf den Feldern Feuer gelegt wird, anstatt sie nachhaltig, aber dafür wesentlich zeitaufwändiger, umzupflügen? Immerhin werden an Privatschulen wie der Pestalozzi-Schule erste Initiativen zur Mülltrennung ins Leben gerufen. Hier wird begonnen, Bewusstsein anzubahnen.

Eine spezielle Angelegenheit ist das Bezahlen im Supermarkt. Ob es einen Lehrgang in Langsamkeit gibt, fragt man sich und grummelt, darauf angewiesen, dass die Kassiererin die Lebensmittel freigibt, während sie die Minuten dahinrinnen lässt, mit ach so schneckentempoartigen Handgriffen. Sie verpackt in zwei ineinandergesteckte Plastiktüten. Persönlich. Helfen ist nicht gestattet. Mitgebrachte Körbe sind nicht akzeptiert.

Viele Kunden lassen sich die Lebensmittel ins Haus liefern. Sie bezahlen mit Karte. Wieder kein zügiger Vorgang. Davor verrechnen sie ihre gesammelten Gutscheine, mitgebracht als eine Handvoll auf Portemonnaiegröße gefalteter Papierchen, die sie umständlich glätten. Dann muss noch ein Formblatt mit der Lieferadresse ausgefüllt werden. Puh! Erst der dritte Kugelschreiber tut's.

So passiert es, dass nach fünfundvierzig Minuten fünf wenige Kunden abgefertigt sind. Die teurere, aber wesentlich schnellere Variante sind die Tante-Emma-Läden an allen Straßenecken. Was gäbe es Sinnbringenderes, Lebenszeitsparenderes, als auf sie zurückzugreifen!

Glücklich sein braucht Raum. Sich den freizuhalten ist das Schwierigste. Die ständige Gratwanderung. Wird es zu eng und werden die Verpflichtungen zu unüberschaubar, kommt gar ein belastendes Ereignis dazu, sinkt der Glückslevel. Habe ich ein Plätzchen zum Durchatmen und ab und zu Zeit für eine Mail, stimmen meine Waagschalen noch. Ist selbst das nicht mehr drin und ich werde erst am Samstagnachmittag, nach Korrekturen und Vorbereitungen, wieder einigermaßen ansprechbar, kippt die innere Balance, die eingebaute Waage. Die ersten eineinhalb Jahre an einer neuen Arbeitsstelle, mit einem nachts an der Brust trinkenden Kleinkind und nach einem Umzug über zehntausend Kilometer, bringen Himmlisches genau wie Höllisches.

Kite-Surfer am Rio de la Plata

Wasserratten im Zoo

Es passierte unerwartet. Niemand konnte damit rechnen, mit dem Schlag, den das Schicksal allen an der Pestalozzi-Schule versetzte. Einige traf er leicht, andere grausam. Ich gehörte zu den Leichtverletzten, denn ich hatte ihn nicht gekannt. Er war ein Schüler aus der Oberstufe gewesen, der zwölften Klasse. Er starb, vor den Augen seiner Mitschüler. Die Reanimation scheiterte, die Diagnose: Hirnschlag. Der Direktor klopfte an alle Klassenzimmertüren. Sagte, die sonst verbotenen Telefone dürften hervorgeholt werden, um die Eltern zu informieren, dass ihre Kinder nach Hause kämen. Unterricht war nicht mehr denkbar.

Ich stand in einer achten Klasse und konnte nicht weg. Ich musste mit ansehen, wie sechsundzwanzig Jugendliche, jetzt waren sie hilflose Kinder, zu weinen begannen. Halt, das stimmt so nicht. Sie klappten zusammen, wurden fahl, standen unter Schock, schluchzten haltlos, verzweifelt. Sie hatten ihn alle gekannt.

Sie telefonierten, der Raum leerte sich. Zurück blieb ich. Erfasste ihn schier nicht, den Schlag, der binnen einer Viertelstunde alle Heiterkeit ausgeknockt hatte. Jetzt weinte ich. Nicht direkt über den Unbekannten, mehr über das Leid seiner Eltern und über den Kummer der Mitschüler, denen einer aus ihren Reihen verlorengegangen war. Zusammengeduckt aus Respekt vor ihren Gefühlen schlich ich durch die Gänge. Sie blieben unter sich. Es war noch zu frisch, zu früh, die Lehrer hinzuzunehmen. Solche Bilder kannte ich nur vom Fernsehen: Menschentrauben hingen in Tränen aneinander. Gefasstere lehnten an den Wänden der Korridore. Im Lehrerzimmer erfuhr ich, dass die Eltern des Verstorbenen in Australien waren, nur eine Tante war zugegen. Dios mio! So zurückfliegen. Mit dieser Nachricht. Wie die Stunden im Flugzeug überstehen?

Auf die Trauerfeier luden sie nur die Engsten. „Tote begräbt man in der Erde, nicht im Herzen". Wo ich das gelesen hatte, wusste ich nicht mehr. Die Lebenden müssen weiter, sollen nicht festhalten, wenn es nichts mehr zu verrichten gibt. Vielleicht gelingt das bei einem alten Menschen. Aber wie je einen Sechzehnjährigen loslassen?

Der Río de la Plata musste mich auffangen, auch wenn ich nur wenige Prozent der Trauer abbekommen hatte. Ich flüchtete dorthin (nordöstlich der Stadt, Strecke nach Tigre), wo man die Schwere dem Wasser übergeben darf, sie hineinwirft und weiß, der Fluss ist mächtig genug, um vieles zu verdauen. Wir verbrachten den Sonntag an seinen Ufern, in der erholsamen Atmosphäre bei Surfern und Kitesurfern, Ruder- und Segelbooten.

Eine andere Insel der relativen Ruhe, umzingelt von Großstadtgewühl und im Viertel Palermo situiert, ist ein achtzehn Hektar großer Zoo mit dreihundertfünfzig Tierarten. Viele dürfen gefüttert werden, manche bewegen sich ganz frei, wie Maras (Pampahasen) und Wasserratten. Man kann sich des Eindruckes nicht erwehren, dass wir, die Besucher, sie unterhalten und nicht umgekehrt.

An der Peripherie zwischen Zoo und Stadt spielt sich Skurriles ab. Allerlei Getränke können in diversen Zookiosken erworben werden, wie überall zu Preisen über denen der Supermärkte. Verkäufer mit tragbaren Kühlboxen machen mit eben dem Sachverhalt ein Geschäft, indem sie die Erfrischungen unter dem Zoopreisniveau anbieten. Der Zutritt zur Anlage ist ihnen verboten. Der Verkauf erfolgt so: Der Tiergartenbereich ist mit dicken Gitterstäben umfasst, wie ein großräumiges Gehege. Auf der Innenseite die Tierkäfige aus weiteren Gittern, auf der Außenseite die fliegenden Händler. Mit langgestreckten Armen und Zurufen werben sie um Kundschaft. Diese blickt gleichzeitig auf menschliche Arme auf der einen, sowie auf behaarte Arme aus den Gehegen unserer nächsten Verwandten, den Primaten, auf der anderen Seite. Die einen locken mit Coladosen, die anderen mit animalischen Bettellauten, sie wollen Futter in die leeren Hände gelegt bekommen. Zu beiden Seiten der Spazierwege Gitterstäbe, zu beiden Seiten Arme und Zurufe und dazwischen oft ungläubiges Gelächter der Zoogäste.

Viele herzliche Grüße an alle und ihr wisst ja: Ich schreibe, wann immer ich kann und bedaure ständig, es nicht oft genug tun zu können. Ihr und die Deutsche Welle haltet uns auf dem Laufenden über die Ereignisse auf der anderen Ozeanseite! Wir wünschen euch allen einen warm erfüllten Sommer!

Jorge und Silvia

Der August bringt die Kälte nach Buenos Aires und mit ihr die ersehnten zweiwöchigen Winterferien. Wer kann, reist Richtung Norden, der Sonne entgegen. So durchfuhren auch wir die Bundesstaaten Entre Ríos, Corrientes und Misiones. Wir bestaunten die Wasserfälle von Iguazú und erlebten die in Corrientes liegenden *Esteros del Iberá*, „die Blaue Braut des Paraná", wie die Corrienter Poesie diese Mischlandschaft aus Sümpfen, Mooren und Seen nennt. Sie setzt sich aus Hunderten von Lagunen zusammen, keine tiefer als fünfzehn Meter.

Insgesamt handelt es sich um ein Gebiet von dreizehntausend Quadratkilometern, das 1982 zur Schutzzone erklärt wurde. Damit ist es Argentiniens ausladendstes Reservat. Es zählt nach dem Pantanal in Brasilien zu den größten Feuchtgebieten der Erde und stellt eines der wichtigsten Süßwasserreservoirs des Kontinents dar. Auch beheimatet es eine immense Vielfalt, davon allein dreihundertfünfzig Vogelarten. *Iberá* meint in der Sprache der Guaraní, die heute von noch vier bis fünf Millionen Menschen gesprochen wird, „helles, leuchtendes, scheinendes Wasser". Vor allem bei Sonnenauf- und -untergang macht es in seiner umwerfenden Farbintensität dem Namen alle Ehre.

An der Laguna Iberá liegt das knapp Siebenhundert-Seelen-Dörfchen *Colonia Carlos Pellegrini*. Welch eine abschirmende, und damit glückliche Fügung, dass es bisher noch nicht durch geteerte Straßen Anschluss an die Welt draußen gefunden hat, denn dadurch bleibt den Bewohnern ein sanfter und dosierter Kontakt mit der Umgebung garantiert. Es würde sich nicht empfehlen, bei Regen auf den glitschig werdenden Staub- und Schotterpisten dorthin zu wollen, man bliebe im Matsch stecken, warnte man uns. Gegen Abend kamen wir an, nach zweieinhalbstündiger Fahrt, durchgeschüttelt und erleichtert und in keine Nässe geraten. Und fanden Unterkunft bei Jorge und Silvia. Sie hatten drei kleine Zimmer in einem Lehmstrohhäuschen zu vermieten.

So gut wie keine Straßenbeleuchtung, keine Tankstelle, keine Bank, kein Internet gab es. Dafür war das Dorf von einer bezaubernden Stimmung erfüllt. Bis spät abends spielten Kinder auf den Straßen. Gackernde Hühner scharrten gemächlich in loser Erde. Ab und zu wechselte ein Rind seinen Weideplatz. Und nachts saß man unter einem unsagbar intensiv leuchtenden Sternenhimmel. Weder Abgase jeglicher

Art noch Lärm lasteten auf Dorfbewohnern und Besuchern. Ruhe. Paradiesische, kaum je zu ergatternde Stille. Eine Oase in der quirligen Welt. Die Seele entspannte sich. Alles andere rückte in die Ferne. Man möchte sich verlieren in diesem Ambiente und bei ungezwungenen Gesprächen nach einem von Silvias delikaten Abendessen.

Jorge und Silvia mit ihrer Tochter vor ihrem Restaurant

„Ich bin nicht von hier", erzählte Silvia. Sie war fünfunddreißig und hatte drei Kinder. „Ich lernte Jorge vor fast elf Jahren in meinem Dorf außerhalb der Sümpfe kennen. Damals hatte ich schon zwei Kinder. Mein ältester Sohn studiert in Mercedes. Der mittlere ist dreizehn. Er wohnt hier bei uns. Das Baby ist Jorges Tochter. Seit fünfeinhalb Jahren wohne ich hier bei Jorge."

„Wie gefiel es dir denn anfangs?", fragte ich sie.

„Isoliert. Es ist so isoliert von allem. Um ehrlich zu sein dauerte es zwei Jahre, bis ich mich daran gewöhnen konnte. Jetzt mag ich die Ruhe. Ich würde sagen, ich habe mich angepasst."

„Und deine Familie? Siehst du sie manchmal?"

„Oh ja! Meine Eltern kommen alle zwei Monate. Ihnen gehört unser kleines Hostal. Wir sind immer in Kontakt."

„Hast du vor, für immer hierzubleiben?". Ich war neugierig und sie störte sich nicht daran.

„Ja, auf jeden Fall! Ich habe mich eingelebt. Hier herrscht bei allem ein anderer Rhythmus. Im Leben, bei der Arbeit, eben bei allem. Es ist ruhig. Die Kinder sind keinerlei Umweltverschmutzung ausgesetzt, auch nicht dem ständigen Medieneinfluss. Es gibt praktisch nichts aus der industriellen Welt. Es ist ein sehr, sehr gesunder Ort, um ein organisches und ländliches Leben zu führen. In diesem Schuljahr wurde zusätzlich zu unserer Grundschule eine Mittelstufe eingerichtet. Das bedeutet, dass wir die Kinder dafür nicht wegschicken müssen. Das gibt uns noch mehr Ruhe."

„Will dein Sohn denn keinen Internetzugang haben?"

„Nein, er ist daran gewöhnt, ohne zu sein. In Wahrheit macht das Internet den Jugendlichen sowieso zu viele Probleme. Es ist etwas sehr Heikles."

„Möchtet ihr in der Zukunft euer Hostal erweitern?"

„Nein, nur das, was wir haben, möchten wir. Und den Gemüsegarten für die Küche. Sonst wünschen wir uns nichts weiter."

Wer in der Einfachheit solches Glück findet, den muss man bewundern. Ihn geißelt nicht der Trieb nach mehr Welt. Er hat vielleicht den Zugang dazu gefunden, bewusst das Hier und Jetzt zu erleben und es dauerhaft wertzuschätzen.

Tags darauf besteigen wir voller Erwartungen eines der Boote, die im Naturreservat der Laguna Iberá samt Führer im Einsatz sind. Mit uns lediglich zwei weitere Personen. Alles klein gehalten und von den Verantwortlichen behutsam verwaltet. Nur wenige Besucherboote waren im Einsatz und kein einziges Tier wurde aufgescheucht, um ein besseres Fotomotiv abzugeben.

Der Dank für dieses Miteinander ist arglose Unbekümmertheit. *Yacarés* (Kaimane) fotografierten wir zu Dutzenden aus nur anderthalb Meter Entfernung. Sumpfhirsche stolzierten durch das Schilf und fünfzig Kilo schwere *Carpinchos*, die größten Verwandten der schnuckeligen

Meerschweinchen und ebenfalls arg drollig, tummelten sich auf den tragfähigen schwimmenden Inseln der Lagunen. Diese driftenden Inselboote setzen sich aus Wasserpflanzen zusammen. Auf ihnen sammelt sich abgestorbenes Organisches und der Samen enthaltende Kot der Scharen von Wasservögeln. Diese Kombination stellt die Basis für weiteres Siedeln auf dem Schwimmpflanzenteppich dar, es keimt und gedeiht. Mit dabei Orchideen und grazile Lilien bis hin zu kleineren Bäumen.

Carpincho = Wasserschwein

Klima und Lagunenwasser luden sehr zum Schwimmen ein – Fleischfresser wieder aus. Baden sei alles andere als angeraten, erklärte uns der Führer, und empfahl uns dringend, diese Idee zu verwerfen. Menschen lägen zwar nicht im Fokus der *Yakarás*, sie interessierten sich mehr für die Jungen der Wasserschweine, jedoch in dem der Piranhas. Weil sich immer mal wieder ein Unbedarfter ins Wasser verstieg, war in den nächsten Monaten der Bau eines Notfallkrankenhauses geplant. In Schwärmen traten die scharfzahnigen Fischchen zwar nicht auf, aber abgerissene Finger und Bisswunden in Brust und Schenkeln mussten auch behandelt werden. Schlimmeres war noch nie vorgekommen.

Abends nahm sich Jorge, sechsunddreißig, meiner Wissbegier an und berichtete, wie sein Leben in seinem entlegenen Heimatort bislang verlaufen war.

„Ich wurde hier geboren. Meine Kindheit war völlig natürlich. Es gab praktisch nichts außer den Tieren, den Lagunen und ein paar Familien, die hier kleine Landwirtschaften betrieben.

Ab 1995 begann der Ort langsam zu wachsen. Ich ging schon zuvor weg. Wir hatten keine wirkliche Zukunft und Leute aus Buenos Aires wollten kommen, um Hotels und Freizeitanlagen zu errichten. Zu unser aller Erleichterung konnte das verhindert werden. Heute betreiben die Dorfbewohner die *Hostales*, die Restaurants und die Gemüsegärten. Alle Gebäude müssen niedrig gebaut werden. Es gibt ein Gesetz, das Häuser nur bis zu einer Höhe von fünf Metern erlaubt und es wird hier eingehalten!

1994 ging ich nach Buenos Aires, das war ein wahnsinnig großer Wechsel für mich. Es gefiel mir nicht in der Stadt. Trotzdem lernte ich viel dazu und ich suchte mir kurze Zeit später Arbeit in der Provinz Entre Ríos.

Als ich zurück nach Carlos Pellegrini kam, stellte ich fest, dass Fremde den Weg zu uns gefunden hatten. Ich sah die Möglichkeit, in meinem Heimatdorf etwas zu verdienen, bleiben zu können und hier eine Zukunft zu haben."

„Wie ging es weiter, wovon hast du damals gelebt?"

„Zuerst verkaufte ich Süßigkeiten. Dann mietete ich mit meinen ersten Einkünften ein Restaurant und mit dem Gewinn baute ich mir mein eigenes auf. Dieses hier. Mir war schon in meiner Kindheit klar, dass ich niemals ein Angestellter sein wollte. Auf gar keinen Fall wollte ich das!"

„Was halten denn die Leute des Dorfes von den Veränderungen?"

„Nun ja, die Leute hier glauben noch nicht wirklich an den Fortschritt. Doch der Ort wächst. Inzwischen gibt es Kurse in effektiverem Gemüseanbau. Langsam werden sich einige ihrer Möglichkeiten bewusst. Ich mag das Leben hier sehr und die Leute. Es sind vertrauensvolle Menschen, du siehst es ja selbst. Es ist ein sehr gesundes Dorfleben, sehr natürlich und respektvoll allem und allen gegenüber."

Der Abschied war herzlich. Ich ging mit dem Versprechen, mein Buch zu schicken – falls es zustande käme. Gerade Jorge würde stolz darauf sein, es war ihm anzusehen. Auch wenn er nur einige Namen darin lesen und sich die Bilder betrachten konnte. Es zählte die Geste.

Susana Escobar, Guaraní-Indigena

Ein weiteres Ziel unseres Winterurlaubes waren die Ruinen der Jesuitenreduktionen in der Provinz Misiones, nahe, nur etwas nördlich der Sümpfe von Iberá. Beim Wandern zwischen den alten Mauern stellt man schnell fest, dass das Schicksal ihrer ehemaligen Bewohner noch mehr fesselt als die Steine.

In den Reduktionen

Ein Jahrhundert nach der Ankunft der europäischen Eroberer lebten in rund hundert Reduktionen, verteilt auf Argentinien, Paraguay, Bolivien und Brasilien, dreihunderttausend Guaraní und Indigene weiterer Gruppen. *San Ignacio Miní*, *Santa Ana* und *Loreto* blieben in Argentinien am besten erhalten und waren Zufluchtsorte vor den Spaniern. Sie sahen die Ureinwohner des Landes als Arbeitstiere und benutzten sie als solche.

Indigene, die sich dagegen wehrten, überlebten ihren Widerstand nur selten.

1575 kam der Franziskanermönch Luis de Bolaños nach Acunción/Paraguay und gebar die Idee der *Reducciones*, sinngemäß der Rückzugsorte. Durch ihr kluges Wirtschaften und ihre ausgeklügelten Agrarsysteme waren die Kommunen in der Lage, sich selbst zu versorgen und damit unabhängig von der spanischen Obrigkeit zu sein. Deshalb bezeichneten die Spanier die Reduktionen als „Jesuitenstaat". Er war ihnen ein Dorn im Auge, weil er sie des Zugriffs auf die dort lebenden Indigenen beraubte. Der Preis des Schutzes durch die Gottesmänner war, dass diese die Bräuche der Ureinwohner in den Hintergrund verbannten und sogar ausmerzten.

Die Guaraní lebten ursprünglich in den umliegenden Wäldern. Die Unterstellung, dass ihre Volkgruppe aus rituellen Zwecken Menschenfleisch verspeiste (wie die kulturell und sprachlich verwandten Tupís in Brasilien – sie aßen ihre stärksten Kriegsgefangenen), konnte selbst von den Spaniern nicht aufrecht erhalten werden. Ob es manchmal schlichtweg aus Hunger doch geschah, bleibt im Dunkeln. Eindeutig erwiesen ist, dass damals wie heute Hauptbestandteile der Nahrung Fisch, Mais und Kürbisse waren und die Guaraní Handel mit den im Andenraum ansässigen Calchaquie-Indigenas betrieben. Viehzucht und Ackerbau lehrten sie erst die Mönche.

Das Volk der Guaraní umfasst heute siebenundfünfzigtausend Menschen, wovon der größte Teil in Paraguay lebt, dessen Währung ebenso heißt: Guaraní. Allgegenwärtig geblieben, in ganz Argentinien, Uruguay, Paraguay und regional in Bolivien und Brasilien, ist die von den Guaraní stammende Gewohnheit, Mate zu trinken. Der koffeinhaltige Tee wird in faustgroßen ausgehöhlten Kalebassen zubereitet. In sie gibt man *yerba mate* (= Matekraut), versetzt es, je nach Gegend und Geschmack mit Zucker oder manchmal Fruchtsaft, und trinkt den Aufguss mit einer *bombilla*. Das ist ein pflanzliches oder metallenes Saugröhrchen, an dessen unterem Ende sich feine Löcher oder eine Teesieb befinden. So saugt man den Sud, aber nicht die Kräuter. In Paraguay nennt man ihn, dort mit Eiswasser aufgegossen, *tereré*.

Bei einem Pro-Kopf-Verbrauch von knapp sechseinhalb Kilo *yerba* pro Jahr in Argentinien ist es kein Wunder, dass spezielles Mate-Equipment in bunter Auswahl angeboten wird. Auf den Märkten wählt man aus einer Unzahl kunstvoll verzierter Kalebassen, in Uruguay sind diese zusätzlich mit graviertem Leder überzogen. In speziell gefertigte Taschen passen genau eine Thermoskanne für heißes Wasser, *yerba*, die Kalebasse und mehrere *bombillas*.

Matebecher an einem Verkaufsstand

Zu Hause, auf Parkbänken, auf jeder Party, in der Universität, an den Autobahnraststätten – wo bei den Kaffeeautomaten an einem Spezialhahn extra die Thermoskanne der Truckfahrer und anderer Durstiger mit heißem Wasser befüllt werden kann – wird Mate getrunken und herumgereicht. Kaum einer aus dem La Plata Raum, der ohne auskommt. Selbst ein Argentinier (vorzugsweise in Gruppen unterwegs, vor allem Jugendliche) auf Auslandsreisen schafft das nicht. Er verrät seine Identität spätestens dann, wenn er die Matekalebasse zückt und so identifiziert werden kann, einerlei, ob dies auf dem Pariser Bahnhof oder dem Kurfürstendamm in Berlin geschieht.

Die Zeremonie ist immer dieselbe, ein zyklisches Ritual: sich im Kreis setzen – Equipment ausbreiten – Gefäß befüllen – heißes Wasser dazu – der Zubereiter trinkt – reicht weiter – jeder schlürft mit derselben *bombilla* – der Erste füllt Wasser für den nächsten Aufguss nach – etliche Male all das.

Der Matestrauch ist immergrün. Heimisch im Paranábecken erreicht er Höhen von vierzehn Metern, in Pflanzungen hält man ihn kleiner. Heute noch wird die Hälfte des Bedarfs wild geerntet. Die Blätter der Stechpalmenart regen Nerven, Muskeln und den Stoffwechsel an und gelten als kreislaufstärkend. Auch die Jesuiten lernten diese Vorzüge kennen. Sie waren die ersten, die ihn gezielt anpflanzten.

Einst der Waffengewalt der Europäer unterlegen, heute deren überrollender Kultur und Ausbreitung, sind die Guaraní eines jener Völker, die ihre Existenz am Gesellschaftsrand fristen. Bestaunt von den Touristen, als lästig empfunden von Seiten der Regierung, leben sie in ärmlichen *aldeas*, in Weilern. Ohne reale Aussichten, jemals wirklich integriert zu werden. Ohne Motivation, sich integrieren zu lassen und so zu werden wie die Weißen, die sie nicht sind. So wenig weiß sein zu wollen wie die Weißen braun. Zurück in die Vergangenheit, zu ihren Wurzeln, geht nicht, denn diese sind nicht mehr. Und eine Nische, die Entfaltung erlaubt, anstatt geduckt zu bleiben, will sich nicht finden.

Susana Escobar saß täglich mit anderen aus ihrer *aldea* vor den Ruinenmauern von San Ignacio Miní. Sie verkaufte, unterstützt von ihren älteren Kindern, Orchideenstecklinge und „Steinblumen", die sie im Wald sammelten, und nahm dankbar, was bis zum Abend in den umliegenden Restaurants übrig geblieben war. Susanna schien gehemmt, sehr zurückhaltend. Es zog mich zu ihr, ich musste sie kennenlernen. Die Unterhaltung blieb zäh und ihre Antworten knapp. Der Einblick in ihr Leben winzig, aber auf immer bewegend.

„Wie heißt du?", fragte ich so unaufdringlich und beiläufig wie möglich und deutete auf die Erde, ob ich mich setzen dürfe. Sie nickte. Dass ich sie duzte, hatte nichts mit unseren Unterschieden zu tun, sondern mit den Gemeinsamkeiten. Es ist in Argentinien zwischen Müttern normal. Sich zu siezen, wäre verkrampft gewesen.

„Susana Escobar", antwortete sie, sichtlich hin- und hergerissen, was sie von meinem Annäherungsversuch halten sollte.

„Darf ich ein paar Fragen stellen? Ich sehe dich hier schon seit einigen Tagen und würde dich und deine Kinder gern kennenlernen." Als ich ihren Sohn anlächelte, kam dieser näher.

„Ja", entgegnete sie mir schließlich.

„Wie alt bist du und stammst du von hier?"

„Jetzt bin ich dreiundzwanzig. Ja, von hier. Im Krankenhaus von San Ignacio geboren."

Susana mit ihrem Sohn und zwei Töchtern

Immerhin! Ihre Mutter hatte die Entbindung nicht auf sich alleine gestellt durchgestanden.

„Wie hast du als Kind gelebt? Wie viele Geschwister hast du?"

„In einer Hütte mit einem Dach aus Palmblättern. Ich habe neun Geschwister."

„Was haben deine Eltern gearbeitet und was machen sie heute?"

„Sie bauten Gemüse an und stellten Kunsthandwerk her. Das machen sie noch immer."

„Wo und wie lange bist du zur Schule gegangen?"

„Ich war zwei Jahre in der Schule Nummer 44. Die staatliche Landschule hier. Sie ist zweisprachig. Ich lernte dort Spanisch."

Ich hatte nicht vorgehabt, das Gespräch zum Interview werden zu lassen. Doch nach jeder Antwort machte Susana eine Pause in der Erwartung einer weiteren Frage. Sie stellte mir keine. Mein Eindruck war nicht zu verscheuchen, dass sie uns nicht auf der gleichen Stufe sehen konnte. Es reichte nicht aus, sich physisch auf eine Ebene neben sie zu setzen, um ein Gefühl der Ebenbürtigkeit zweier Mamas aus unterschiedlichen Kulturen aufkommen zu lassen. Unumstößlich hatten wir dabei viel gemein, wie alle versorgenden und behütenden Frauen.

Meine Gedanken schweiften ab, zur Fußball-WM 2006 in Deutschland. In diesem Sommer erlebte ich mit, wie meine eigenen Landsleute sich trauten, genauso wie andere Nationen Stolz zu empfinden und wie dieses Empfinden die Oberhand gewann über das inzwischen auf die dritte Generation übergegangene Kriegsschuldgefühl. Der Sieg der Deutschen Mannschaft 1954 in Bern lag lange zurück. Er wirkte längst nicht mehr nach. Die eingebrannte Überzeugung, kein Selbstbewusstsein zeigen zu dürfen, keinen Platz für seine Fröhlichkeit zugestanden zu bekommen, überdauerte dagegen und hielt sich tief. Ebenfalls ein Volkstrauma. Wenn auch auf andere Weise zustande gekommen. Bei uns durch ein aktives Sich-Schuldaufladen unserer Vorfahren, bei den Guaraní durch ihre zu geringe Wehrhaftigkeit. Doch beide Versionen vererben sich über Generationen und verlieren dabei kaum ihre Macht über das Selbstwertgefühl der Traumatisierten.

Mehr als einen Moment des gemeinsamen Sitzens auf Argentiniens roter Erde in Misiones konnte ich Susana nicht geben. Das Baby auf ihrem Schoß verhielt sich still. Ihr Sohn hatte von irgendwoher einen Joghurt geschenkt bekommen und aß ihn verschmitzt. Nur in dem Jungen war eine Dosis Verwegenheit erahnbar. Die etwa siebenjährige Tochter verhielt sich ganz wie ihre Mutter. Ich wollte sie mit einem Zwinkern zu irgendetwas animieren, einem Wort, einem Grinsen, nichts gelang mir. Aber vielleicht ja doch. Vielleicht würde sie sich eines Tages an mich erinnern. An die ausländische Frau, die selbst ein kleines Kind dabei hatte, auf dem Boden saß und dabei genauso nur ein Mensch war wie jeder andere, wie ihre Mutter. Vielleicht konnte unsere Begegnung ihren Blick verändern und auf ihr Selbstwertgefühl wirken. Wie ich es mir wünsche!

Da ich unbedingt noch mehr erfahren wollte, wagte ich mich weiter.

„Susana, was hast du als Kind gespielt?"

„Verstecken und wir haben immer große Räder gerollt." Ein paar Besucher verließen eben die Ruinenanlagen. Da sie nicht auf ihre Orchideen zusteuerten, konnte ich ihre Aufmerksamkeit für wenige Minuten mehr beanspruchen.

„Welche Träume hast du für deine Zukunft?"

„Ich habe keine Träume."

Keine Träume? Das war hart. Schrecklich hart. So ernüchternd war Susanas Realität, dass ihre Sehnsüchte auf der Strecke geblieben waren. Keine Wünsche mehr, keine Zukunft. Nach nur dreiundzwanzig Lebensjahren. Ich betrachtete ihren Gesichtsausdruck eingehender. Sie wirkte traurig. Und verschlossen. Es stand mir nicht zu, in ihr Gefühlsleben zu dringen und ich fragte in andere Richtungen.

„Wie und wo lebst du? Was macht dein Mann?"

„Ich bin Witwe und lebe in einer Gemeinschaft."

„Wie viele Kinder hast du und wünschst du dir etwas für sie?"

„Ich habe vier Kinder. Ich möchte, dass sie später studieren und Arbeit finden."

„Hast du Sorgen und Probleme?"

„Bei uns gibt es oft nicht genug Trinkwasser und Essen. Auch habe ich kein Material, um schöne Dinge zu machen, die ich dann verkaufen könnte."

„Was würdest du als erstes wollen?"

„Ein eigenes Haus und elektrisches Licht."

„Wie siehst du die Situation deines Volkes?"

„Uns erreichen keine Hilfen, keine Sozialleistungen und dergleichen. Das ist schlecht für uns."

„Gab es in deinem Leben ein besonderes Ereignis, etwas, woran du gerne und oft denkst?"

„Daran, dass ich geheiratet habe. Dann wurde ich Witwe. Ich lebe gerne mit meinen Eltern. Ich bin froh, dass ich alle meine Kinder in einem Krankenhaus zur Welt bringen konnte." Die Zeit war um, sie wendete sich ab.

Ich widerstand dem Impuls, sie zum Abschied zu umarmen. Ich hatte das Gefühl, ihr damit unerträglich nahe zu treten. Eine Tafel deutsche Schokolade wäre sicher willkommener gewesen als noch mehr und plötzliche Intimität. Wir hatten keine mehr. Stattdessen versprach ich auch ihr, ein Exemplar meines Buches zu schicken, falls ich es tatsächlich schreiben sollte. Zu diesem Zeitpunkt war es noch nichts weiter als eine flüchtige Idee. Ich dürfe von ihr erzählen, sie hatte wieder genickt. Henry vom Laden nebenan, ein sympathischer Typ um die fünfzig, würde ihre Post für sie in Empfang nehmen. Das vereinbarte ich mit ihm.

Argentiniens rote Erde: Zufahrtsstraße zum Ché-Guevara-Haus

Unweit der Reduktionen, in Caraguatay, schlugen wir für einen kuriosen Ort einen Haken in der Route. Es handelte sich bei ihm um die Überreste des Hauses, in dem Ernesto Che Guevara seine ersten Kindheitsjahre verbrachte. Seine Eltern hatten es 1927, ein Jahr vor seiner Geburt, gebaut, um Mate-Bauern zu werden. Auf Anraten der Ärzte zogen sie vier Jahre später wegen des Asthmas ihres Sohnes nach Alta Gracia im Bundesstaat Córdoba.

Die Zufahrtsstraße zu Guevaras erstem Domizil verläuft über Hügel aus roter Erde in den urbar gemachten Wald. Man erreicht ein Museum aus einem Raum, es lässt nicht auf zahlreiche Wissbegierige schließen. Fotos und Tafeln dokumentieren das Leben des Guerilleros.

Vom Haus selbst sind nur die Grundmauern erhalten. Beeindruckender sind die Aussicht zum tiefer liegenden Fluss und die auf leichten Flügeln dahinschwebenden Schmetterlinge. Doch das eigentlich Skurrile war Liliana. Sie betreute Gedenkort und Ruine mit der Hingabe einer Nonne, die ihr Leben nur einem Herrn verschrieben hat. Die Überbleibsel waren ihr Kloster, Ernesto Guevara ihr Gott. „Unser Che ist ein Heiliger. Er besaß die eigentliche Weisheit. Wir müssen immer für ihn da sein", säuselte sie, ihre Augen dabei verklärt.

Ruinen des Ché-Guevara-Hauses

Es gibt so viele Versionen von Glück, wie da Menschen sind. Wir lernten gerade Lilianas kennen. Nach ihrem Aussehen zu urteilen war sie ungefähr zwei Dekaden nach Ches Tod zur Welt gekommen. Ihr Held war 1967 von einem Feldwebel der bolivianischen Armee in Bolivien exekutiert worden. Liliana fegte jedes Stäubchen von seinen Bildern und dekorierte sie mit toten Schmetterlingen, die sie in der Gegend aufsammelte. Sie verbürgte sich dafür, dass das Andenken am Platz der frühen Kindheit aufrecht erhalten blieb, auch wenn sie ihr eigenes Leben drumherum vergaß. Die ganze Frau bestand aus nichts als Che. Sie verlieh ihm noch mehr Glimmer, als ihm ohnehin schon zugestanden wird. „Wer heilt, hat Recht", sagen die Ärzte, so simpel wie plausibel. Wer solche Seligkeiten auslöst wie Che auch? Wie hier bei dieser jungen Getreuen post mortem im zuhinterst abgelegenen Wald?

Mit Eindrücken beladen, ambivalenten, monströsen und leuchtenden, traten wir die Heimreise nach Belgrano an, und ich bald darauf die nächste Hälfte meines zweiten argentinischen Schuljahres. Übrigens: Den Mailkontakt mit Liliana brach ich bald ab, da sie für keine anderen Themen zugänglich war und mir ihr Kult zu viel wurde.

Argentinische Handwerker
Wie man eine Gasheizung wartet

Für die Wintermonate Juli, August und September sind mittelständische Wohnungen in Buenos Aires mit einer kleinen Heizung im Wohnzimmer ausgestattet. Unsere funktionierte, wie die meisten, mit Gas. Ohne sie säße man bei vierzehn Grad abends auf dem Sofa. Das wäre zwar erträglich, aber alles andere als gemütlich.

Wer es sich leisten konnte, der heizte. Damit es sich der Großteil leisten konnte, waren Strom und Wasser subventioniert. Nach der starken Abwertung des Pesos 2002 hatte die Regierung im Großraum Buenos Aires kaum noch Preisanpassungen zugelassen, eine soziale wie populistische Maßnahme. Zwei Drittel ihrer Kosten müssen die Energieunternehmen inzwischen mit staatlichen Hilfen decken. Die Ausgaben liegen für die Endverbraucher für Gas, Wasser, Strom und Nahverkehr bei etwa zehn Prozent im Vergleich zu Deutschland.

Wir gönnten uns den Luxus, so viel zu heizen, wie wir wollten. Natürlich stieg unsere Gasrechnung, aber nie auf mehr als fünfzehn Euro pro Monat. Lässig verglichen wir solche Bilanzen mit denen in Deutschland. Am Monatsende blieb in Argentinien deutlich mehr vom Gehalt, allerdings blieb die argentinische Wohnung nur exakt so lange wonnig warm, wie die Heizung lief. Man feuerte buchstäblich zum Fenster hinaus. Auch Dämmklebestreifen brachten bei den unzähligen Ritzen wenig. Sogar durch die Vorrichtung, mit der die Gerätschaft an der Außenmauer befestigt war, zog kühle Luft.

Von Anfang an waren geduldvolle und zahlreiche Versuche nötig, um die Startflamme zu entzünden. Doch damit konnte man leben und wir kalkulierten erst gar nicht ein, dass es besser funktionieren könnte. Ändern musste sich aber, dass Sommerregenstürme ihr Nass durch das Abgaslüftungsrohr schleuderten, direkt bei der minderwertigen Aufhängung, und wir nicht umhin kamen, jedes Mal eine Wasserpfütze auf dem Wohnzimmerteppich trockenzulegen.

Es musste ein Handwerker her. Wir ließen uns einen empfehlen, von Juan, und er kam zum vereinbarten Termin. Allerdings – ohne Werkzeug. Der Logik zufolge konnten Reparaturen nur dort ausgeführt wurden, wo es die Bewohner selbst stellten oder flugs beim Hausmeister ausliehen.

Wir hatten uns, nicht in dieser Voraussicht, sondern weil wir Kleinigkeiten, der Zeitökonomie halber, kurzerhand selbst richten, einen unverzichtbare Dienste leistenden Werkzeugkoffer aus Deutschland mitgebracht.

Zuallererst stellte unser Mann die Startflamme ein, die sich danach frappanterweise schon beim ersten Knopfdruck entzündete. Ein Versäumnis des Vermieters, sie hätte längst überholt werden müssen, meinte er. Unsere Erwartungen diesbezüglich waren inzwischen sowieso bar jeder Illusion. Auch die undichten Stellen zur Außenmauer schloss der Handwerker. Wenn auch nicht ganz, nicht ohne zu pfuschen. Den Luftzug spürte man im Winter immer noch, doch die längst fällige Klappe über der Abgasentlüftung verhinderte weiteres Hereinregnen. Was der mutmaßliche Fachmann nicht schaffte, war das Anziehen sämtlicher Ventile und Gewinde. Der Gasgestank in den folgenden Tagen war widerlich. Nach und nach fanden wir alle undichten Stellen und schraubten nach.

Wie eine Gartenzaunmauer hochgezogen und ein Baumstumpf entfernt wird

Von unserer Wohnung aus hatten wir einen offenen Blick auf die gegenüberliegende Straßenseite und ihre Einfamilienhäuser. Die Gärten wurden wenig genutzt. Wen wundert's! Schaute doch jeder aus den Hochhausfenstern ganz automatisch in sie hinein.

In einer besonders ausladenden Villa fanden gelegentlich Partys statt. Gegen zwölf Uhr nachts kamen die Gäste, nach dem Frühstück gingen sie. Sie ersetzten uns manchen Spielfilm, denn sie ließen sich Mate trinkend (wir auch!) vom vierten Stockwerk aus prima studieren. Doch am eindrucksvollsten zu beobachten waren aufs Neue die Handwerker.

Innerhalb unserer drei argentinischen Jahre verschlechterte sich die Sicherheitslage in der Stadt. Der wirtschaftliche Aufschwung nach der Argentinien-Krise (1998 bis 2002) verlangsamte sich, die Preise stiegen erneut schneller als die Gehälter und Subventionen deckten die Ausgaben der Energiebetriebe immer unzureichender. Das führte langfristig doch zu nichts anderem als zu Preisanhebungen für die Endverbraucher.

Mörtel wird angerührt

Ein Baumstumpf wird entfernt

    Einer reichen Oberschicht gelang es trotzdem, ihr Vermögen und damit die Kluft in der Bevölkerung weiter zu vergrößern. Fünfzehn Prozent der Einwohner des Großraumes Buenos Aires leben unter der Armutsgrenze, im Landesinneren sind es sogar dreiundzwanzig Prozent. Aus ihrer Position betrachtet erscheint der Reichtum der einen, verglichen mit der eigenen Armut, nicht unbedingt tolerierbar. Nicht jeder von ihnen versucht, das Missverhältnis durch etwas anderes als Verbrechen auszugleichen.

Dabei bleibt der Fokus nicht nur auf Villenbesitzer gerichtet. Jeder Unvorsichtige läuft Gefahr, geplündert zu werden. Hat sich das kriminelle Handwerk als lukrativ erwiesen, weitet es sich schnell aus und wird beispielgebend für manch anderen Arbeitslosen oder Geringverdiener.

Bei immer mehr Hausbesitzern, auch jenen kleinerer Anwesen, kam das Bedürfnis auf, sich abzuschotten. Hohe Mauern, wie man sie aus vielen Großstädten kennt, waren in Belgrano R bislang nicht üblich. Wir sahen in unserer Zeit etliche, die von ursprünglich fünfzig Zentimeter auf zwei Meter hochgezogen wurden. Besser als jeder Dokumentarfilm es zu erzählen vermocht hätte, verfolgten wir das von unserem Hochstand aus mit.

Beachtlich war die Anzahl der Arbeiter, die auftauchten. Täglich um die zehn. Die Baustelle war ganze acht Meter lang und bezog sich auf die Gartenmauer, die an den Gehweg grenzte. Pro Meter mehr als ein Mann. Anachronistisch mischten sie den Beton. Seit meiner Kindheit auf dem Bauernhof meiner Großeltern hatte ich dergleichen nicht mehr gesehen. Stimmt nicht ganz, in Westafrika auch. Die Männer schütteten mitten auf dem Gehweg einen Haufen Sand auf und glätteten ihn. In die Mitte schaufelten sie eine Kuhle. Da hinein kamen der Zement und Eimer für Eimer das Wasser, bis die richtige Konsistenz erreicht war. Von oben betrachtet erinnerte das Ganze an einen Mürbteig, der da ganz langsam gerührt und anschließend in die Schalung der Mauer gegossen wurde. Dass die Arbeiter dazu keine Wanne verwendeten, wollte nicht einleuchten. Ja, früher, sehr viel früher, gab es keine. Aber das konnte man im Zentrum von Buenos Aires keinem mehr abnehmen, schon im Sperrmüll fanden sich welche!

Das Bauen dauerten mehrere Tage. Jedes Mal wurde der Mörtel so gemischt und die Reste abends mit verschwenderisch viel Wasser vom Pflaster abgewaschen. Subventioniertes Wasser war für einen Hausbesitzer eindeutig erschwinglicher und offensichtlich leichter zu beschaffen als eine Unterlage oder Mörtelwanne.

Ein Baumstumpf wird entfernt

Ein vergleichbares Schauspiel bot sich, als überalterte und morsche Straßenbäume gefällt werden mussten. Die Stümpfe blieben monatelang stehen, vielleicht um durch die einsetzende Verrottung weicher zu werden. Als man sie dann entfernte, rückte wieder die inzwischen vertraute Anzahl an Arbeitern an.

Wer in den Achtzigern „Die Fraggles" in der Kinderstunde im Fernsehen gesehen hat, kann kaum vermeiden, an die kleinen emsigen Bauherren namens „Doozers" der Serie erinnert zu werden. Hierzulande wurden freilich zuerst die Matebecher und Thermoskannen ausgepackt und Tee zubereitet. So gestärkt hackten die Straßenarbeiter und gruben und sägten. Ohne Motorsäge, ohne jegliche Maschine. Zehn Männer waren pro Baumstumpf einen ganzen Tag im Einsatz. Ihre Steaks grillten sie mittags auf einer originellen Konstruktion aus einer alten Tonne ohne Böden. Sie wurde auf gestapelte Ziegelsteine gestellt, so dass unter ihr Feuer gemacht werden konnte. Eine oben aufgelegte Steinplatte ersetzte den Grillrost.

Wie der Abfluss am Spülbecken repariert wurde

Der Handwerker, der den Siphon unserer Küche reparierte, hatte eigenes Werkzeug dabei, keine Selbstverständlichkeit, wie uns im Gedächtnis verankert war. Auch schien er zu wissen, was er tat und der reparierte Abfluss funktionierte. Nur wie er es tat, war bestaunenswert, schier nicht zu glauben, und wir kamen nicht umhin, sein Werk bei den Küchenarbeiten bis zu unserem Auszug zu beäugen – und uns daran zu ergötzen!

Das Abflussrohr des Spülbeckens war undicht geworden. Es musste samt der dazugehörenden Dichtungen ausgetauscht werden. Das Problem, dass das neue Rohrstück mit dem alten nicht übereinstimmte und sich deshalb nicht mit ihm verschrauben ließ, war einfach keines. Der Handwerker durchbohrte es, schlug ein Stück Draht durch die Löcher und befestigte diesen von unten her am Abflussgitter. Die Drahtenden verdrillte er auf der Spülbeckenseite. Das Putzen des Gitters wurde dadurch natürlich etwas schwierig, aber: *A quién le importa?* (sinngemäß: wen interessiert's?), wie man auf Spanisch solches belächelt.

Was uns dieser Mann lehrte, beziehungsweise erkennen ließ, war noch etwas ganz anderes als die Einfachheit, mit der er Reparaturen vornahm. Fixe Handwerkertermine zu einer genauen Uhrzeit konnten nicht gemacht werden, nur im Rahmen einiger Stunden. Unser Termin bezog sich auf einen Vormittag plus Nachmittag, ausgenommen der Mittagszeit, in der keiner zu Hause war. Wie hätte es anders sein können, genau als wir das Haus verließen, tauchte der Handwerker auf. Die Information, dass erst in einer Stunde wieder jemand da wäre, ließ ihn unberührt. Er würde warten, teilte er uns mit.

„Einfach so lange warten?"

„*Si!* Das macht nichts!"

Wie anders diese Arbeitswelt ausgerichtet ist! Das Quadratisch-deutsche in unseren Köpfen suchte sofort nach einer Lösung zum Umgehen dieser Zeitverschwendung. Es wurde aber keine erwartet. Es gab einfach nichts, was hätte gelöst werden müssen. Zu warten war eine ganz normale Zutat in einem ganz gewöhnlichen Arbeitstag. Man setzte keine schnellere und effektivere Leistung voraus. Man erledigte so viel, wie sich aus der Summe aller Beteiligten ergab. Im „Leerlauf" hatte man Zeit für sich, konnte durchatmen und seine Gedanken spazieren führen. Was man gewann, war im weiteren Sinne tatsächlich Lebenszeit, die in unserer mitteleuropäischen Gesellschaft oft so schmerzlich fehlt.

Trotz mehr Freizeitstunden empfinden wir nicht mehr Freiheit, weil wir einen schmerzlich großen Teil davon zur Regeneration benötigen. Doch dieses, vielleicht natürlichere, Lebenstempo, das nicht ständig Angst vor Versagen oder vor zu geringem Abarbeiten von Aufgaben produziert, sorgt letztendlich für Lebensqualität und, was mit Geld noch nie und nirgends aufzuwiegen war: für Lebensfreude!

Natürlich darf bei dieser Betrachtungsweise nicht aus den Augen verloren werden, dass zu kleine Einkommen die Sorgen von einer anderen Seite her ins Leben drücken. Trotzdem lässt sie einen den Erwartungsdruck, von außen und innen an sich gestellt, anzweifeln. Von dem Tag an waren wir „argentinisierter" und sich erneut dem deutschen Rhythmus zu beugen, fiel später nicht leicht. Etwas wehrt sich seitdem dagegen, für den Preis der inneren Ruhe und Freude alles möglichst schnell und effektiv und in immer größeren Mengen abzuarbeiten.

Wie man ein defektes Backrohr nutzt

Deutsch fühlten wir uns, weil uns jedes Jahr beim Einsetzen des Winterwetters das Bedürfnis überfiel, Plätzchen zu essen. Dass dieses Empfinden, welches sich auf der nördlichen Hemisphäre im Dezember einstellt, auf der südlichen im Juli auftritt, spielte nicht mehr als eine nebensächliche Rolle. Der Himmel war grau, etliche Bäume kahl, die Vögel ruhig und die Abende lang. Teig zu kneten und aus ihm Figürchen auszustechen, bereitete saisongerechtes Vergnügen. Der Dezember dagegen, wenn der Hochsommer auf seinen Zenit zusteuert, die Tage voll und grün sind, machte absolut keine Lust darauf. Also: Backen im Juli.

Unser Ofen gehörte bei weitem nicht mehr zu den neuesten Modellen, tat aber beim Kochen seinen Dienst. Nur das Backrohr ließ zu wünschen übrig. Ron, nicht begeistert vom Zubereiten aufwändiger Menüs, hatte kein Interesse daran, es zu nutzen. Mir fehlte schlichtweg die Zeit. Außerdem bestand kein nennenswerter preislicher Unterschied darin, ob man selbst am Herd stand oder im Restaurant aß. Diese luxuriöse Tatsache genießend nahmen wir die Kochkünste verschiedener Nationen ausgiebig in Anspruch. Im Viertel hatten Peruaner, die gegrillte Meerschweinchen anboten, Italiener und viele Chinesen im *Barrio Chino*, ihre Lokale eröffnet.

Einzig und allein für das Backen von Plätzchen brauchten wir unser gasbefeuertes Rohr. Das Steuerungsrädchen zeigte drei Stufen – ohne Temperaturangabe. Wir schätzen die Grade, und wir waren darin erfolgreich. Die Ergebnisse bewiesen das. Aber: Das Rad musste für die Gaszufuhr nach innen gedrückt werden und dort bleiben. Und das tat es nicht freiwillig. Ließ man es los, sprang es heraus.

Dieser Defekt war sicher schon vor Langem aufgetreten und keiner unserer Vormieter hatte sich darum gekümmert. Wir sahen auch nicht ein, dafür wieder den Aufwand in Kauf zu nehmen, einen werkzeuglosen Handwerker einzuladen. Man konnte sich auch anders behelfen, argentinisch eben. Der Abstand vom Ofen zur rückwärtigen Wand betrug nicht mehr als einen guten Meter. Die Fugen der Fliesen boten guten Halt, genauso wie die Vertiefung im Temperaturrädchen. Und wir hatten einen Besen, dessen langer Stil sich abschrauben ließ. Zweckentfremdet verkeilten wir ihn zwischen Wand und Ofen, er hielt während der Backzeit den Temperatur- und Gasregler in der nötigen Position und das

Manko war umgangen. *A quién le importa!* Es ist unbedeutend, wenn nicht alles perfekt funktioniert und man sich behelfen kann. Jede Menge Spaß hatten wir mit dem Provisorium obendrein. Und was lernte unsere Tochter? – Eben jenes!

Eigenmontage und Strom- und Wasserausfall

Drei Anekdoten wie aus einem Sketch wollen hier noch stehen. Die erste: Bei Temperaturen an die vierzig Grad war es sogar uns Hitzeliebhabern nach einem Deckenventilator. Das Kabelgeflecht in den Rohren im Wohnzimmer enthüllte sich als heilloses Kuddelmuddel. Ron ließ sich davon aber nicht unterkriegen und maß die Leitungen aus, bis er eine passende fand.

Voilà! Die Flügel unseres neuen Ventilators drehten sich, die Geschwindigkeit ließ sich regeln, der Luftzug trocknete unseren Schweiß. Aber etwas stimmte nicht. Wir bemerkten es erst, als der immer pünktliche Pizzaservice nicht auftauchte. Meine Nachfrage am Telefon ergab, dass der Bote dagewesen sei und ihm keiner geöffnet habe.

Die Klingel kann jeder einmal überhören, der Lieferant wurde aufs Neue losgeschickt – aber unsere Pizza kam nicht. An ihrer Stelle kam uns ein Geistesblitz. Er befahl uns: Probeläuten! Ventilator ausmachen und nochmal läuten!

Das Ergebnis war eindeutig: Klingel und Ventilator vertrugen sich nicht. Zapfte das eine an der Leitung, lag das andere lahm. Juan musste her! *Llámenme, día y noche.* Ruft mich – das hatte er uns ja von Beginn an gesagt. Er war sich sofort sicher, ein Elektriker würde es auch nicht besser hinbekommen als Ron. Es sei denn, er finge in der Zentralverteilung mit der Fehlersuche an und zöge zusätzliche Leitungen ein. Wir ließen es auf sich beruhen. Und verzichteten je nach Fall auf Klingel oder Luftzug. Beides gleichzeitig war nicht zu haben.

Die zweite Anekdote: An sehr heißen Tage musste noch etwas gemanagt werden. Von unserer Wohnung aus lag dann regelmäßig ein langes Kabel bis hinüber zur greisen Nachbarin. Warum?

Je höher die Temperaturen stiegen, desto öfter fiel der Strom aus. Die vielen Klimaanlagen (wir hatte keine) überlasteten das labile Netz.

Allerdings wohnten wir auf der stabileren Seite des Hauses, auf der Vorderseite. Wir hatten so gut wie immer Strom. Die Hinterseite hing an einem anderen Kreislauf und war anfälliger.

Im Bedarfsfall konnten sich aber die gegenüberliegenden Wohnungen einer Etage helfen. Wegen ihrer Gebrechlichkeit ging unsere Frau Nachbarin kaum noch nach draußen und ihr Gefrierfach war stets randvoll. So traf es sich, dass sie unseren Strom brauchte, um ihren Kühlschrank am Laufen zu halten. Bis die Temperaturen fielen, die Klimaanlagen abgeschaltet wurden und der Strom zurückkam, hausten wir hinter nur angelehnten Türen. Juan passte ja unten im Eingangsbereich auf. Besonders, wenn wir nicht absperren konnten.

Die dritte Anekdote: Gelegentlich ging an solchen Tagen, oder auch bei Wartungsarbeiten, das Wasser in den Tanks auf dem Flachdach aus. Es war auch die Pflicht des Encargado, alle rechtzeitig vorzuwarnen. Und es war gleichzeitig seine Gelegenheit, so ein kleines bisschen und auch nur ganz insgeheim, diejenigen im Haus auflaufen zu lassen, die ihn wie ihren Diener behandelten und hochnäsig auf ihn herabschauten.

Uff! Wir zählten zu denen, die er mochte. Er teilte sogar seine diebische Freude mit uns, wenn er klopfte (nicht klingelte!) und uns verschworen zuraunte: „Duscht euch noch gemütlich und füllt euch ein paar Eimer Wasser ab. In zwei Stunden sind die Tanks leer. Und ich mache mir jetzt Mate. Dann verteile ich die Post. Dann bringe ich den Müll weg. Und hernach gebe ich mal in Wohnung XY Bescheid."

Telefonterror und weitere Übel

„Policía de la Capital Federal", hieß es am anderen Ende der Telefonleitung. Der aggressiv fordernde Ton wirkte befremdlich.

„*Sí?*", antwortete ich.

„Wir haben hier jemanden. Er sagt, er kennt Sie."

„Und wer ist das?"

„Fehlt bei Ihnen jemand?"

„Nein."

„Sind alle zu Hause?"

„Ja. Wie heißen Sie?"

„Policía! De la Capital Federal de Buenos Aires."

Kompletter Widerwille meinerseits, einer dermaßen anmaßenden und unfreundlichen Person irgendwelche Namen oder Daten zu nennen.

„Sie wohnen in der Calle Pampa, ist das richtig?", ging es weiter.

„Ja", sagte ich ins Telefon und bemerkte insgeheim, dass dem Anrufer die Apartmentnummer wohl nicht bekannt war.

„Wie heißen Sie?"

Antworten? Bloß nicht!

„Das hat Ihnen sicher mein Bekannter gesagt. Wie ist denn bitte Ihr Name?"

„Wer aus Ihrer Familie fehlt?"

„Es fehlt keiner."

„Einer muss fehlen. Dann ist er eben ein Freund von Ihnen. Er sagt, dass er Sie kennt und er wurde zusammengeschlagen. Nennen Sie mir Ihre genaue Adresse!"

Niemals!

„Aus welchem Viertel rufen Sie an?"

Das Ganze war in einem Maße dubios, dass ich versuchte, Zeit zu gewinnen, während ich im Kopf alle Bekannten durchging, die wir in der

Stadt hatten. Von keinem konnte ich mir vorstellen, dass er in so einer Situation unsere Telefonnummer eher abrufbereit gehabt hätte als die seiner Familie. Eine gewisse Hemmschwelle, weil ich nicht dahinter kam, was der Mann bezweckte, und auch ein Quäntchen bohrende Neugier hielten mich davon ab, einfach wieder aufzulegen.

„Wer fehlt bei Ihnen?"

Es wurde langsam nervtötend!

„Es fehlt keiner. Was wollen Sie überhaupt?"

Jetzt wurde ich selber ärgerlicher, und dass ein angeblicher Polizist nicht in der Lage war, seinen Namen zu nennen, geschweige denn sein Revier, wollte mir überhaupt nicht einleuchten.

„Sie müssen der Polizei Auskunft geben!"

Der Ton noch eine Stufe aggressiver.

„Wie sieht mein Bekannter denn aus?"

„Wenn Sie nicht mit uns kooperieren, schicken wir jetzt einen Streifenwagen vorbei."

„In Ordnung, schicken Sie einen!"

„Wir sind in einer halben Stunde da!"

Dann nur noch Schweigen. Schließlich legte ich auf. Der Mann war nicht sauber, das war mehr als offensichtlich. Doch was hatte er gewollt?! Juan hatte eben geläutet und uns ein Päckchen gebracht und die letzten Sätze des Gespräches mitgehört.

„No te preocupes", winkte er ab. „Mach dir keine Sorgen! So etwas sind schlechte Scherze."

Der Anrufer kannte unsere Straße, woher auch immer, die Apartmentnummer hatte er nicht gewusst. Auf unserer *cuadra* standen sechs Hochhäuser, jedes mit vierzig Wohnungen. Na, dann viel Spaß beim Suchen! Die Vorstellung, dass diese Typen, es handelte sich bestimmt um keinen Einzelnen, kaum zweihundertachtzig Klingeln drücken würden, war dann doch beruhigend. Wieder einmal fühlten wir uns in unseren typisch argentinischen Durchschnittswohnverhältnissen sicherer, als wir es in einer teuren Villengegend je hätten sein können.

Es geschah nichts, nachdem die angedrohte halbe Stunde verstrichen war.

Ganz aufgegeben hatte die „Polizei" allerdings noch nicht. Der nächste Anruf kam in der folgenden Woche. Wieder sollten wir Auskunft geben, wer bei uns gerade nicht zu Hause war. Ron wickelte das Ganze zügig ab, in dem er einfach sagte, er spräche kein Spanisch und sie sollten jemanden schicken, der auf Englisch kommuniziert. Danach beendete er kurzerhand das Gespräch und die Sache war erledigt.

Mit der regelmäßigen Infopost der Deutschen Botschaft erreichte uns kurze Zeit später eine Aufschluss gebende Mail. In ihr wurde nachdrücklich darauf hingewiesen, auf der Hut zu sein, wenn eine Telefonrechnung fehlte. Gauner würden diese aus den Briefkästen fischen, um an die Nummern zu gelangen. Ihre Masche sei es, bei den Anschlüssen als Polizisten getarnt anzurufen und zu behaupten, sie hätten einen Familienangehörigen in Gewahrsam. Nachdem man im Schreck Auskunft über ihn und sich selbst gegeben und außerdem seine vollständige Adresse genannt hatte, entpuppten sie sich als angebliche Entführer des Verwandten. Dann forderten sie Lösegeld, nicht mehr, als man im Regelfall zu Hause hatte. Man musste es unverzüglich an einen genannten Ort bringen, wo dann das Opfer übergeben werden sollte. Tauchte das Familienmitglied nicht schnell zu Hause auf, lief man schnurstracks Gefahr, auf diese vorgetäuschten Entführungen hereinzufallen.

Als ich in diesen Tagen mit zwei deutschen Kollegen beim Mittagessen saß, kommentierten wir die Botschaftsmail und einer meinte: „Wem passiert denn so etwas?"

„Uns!", erzählte ich. „Sogar gleich zweimal."

Bei uns hatte allerdings keine Telefonrechnung gefehlt, aber wir hatten den Anschluss von unseren Vormietern übernommen und ständig Leute am Telefon, die gar nicht zu uns wollten. Besonders häufig wurde ein Señor Álvarez verlangt. Wer denn das sei, fragte ich nach zig Malen. Die anrufende Dame klärte mich auf. Er sei ihr Bankberater und habe seinen Arbeitsplatz gewechselt. Irgendwann sprach sich unter den Kunden wohl herum, dass besagter Señor nicht bei uns wohnhaft war und wir bekamen Ruhe vor ihm.

Unser „Polizist" hatte sich jedenfalls nicht besonders klug angestellt, erzählte ich meinen Kollegen weiter. Trotzdem war ich heilfroh, dass zu diesem Zeitpunkt alle zu Hause gewesen waren, sonst wäre meine Reaktion möglicherweise anders ausgefallen. Dennoch hielt sich ein hässliches Gefühl als Nachwehe, welches abermals lehrte, dass man nie nachlassen darf, auf der Hut zu sein. Kein leichtes Training, denn nicht immer bleibt ausreichend Energie dafür.

Unumwunden setzten uns allgegenwärtige Warnungen vor Kindesentführungen zu. Anfangs ließen wir unsere Tochter neben uns her hüpfen, wie sie wollte. Doch unentwegt hielten uns Leute deswegen an, mit der unmissverständlichen Aufforderung: „Nehmt euer Mädchen fest an die Hand. Hier werden Kinder entführt!" Bedrohlich, und an jeder Mautstelle der Autobahnen bekräftigen Plakate von verschwundenen Kindern die Mahnrufe.

Eines Tages erzählte uns dazu ein älteres Ehepaar sein persönliches Erlebnis. Nicht um fünf Ecken geholt, nicht vom Vater eines Bekannten der Cousine et cetera gehört. Sondern selber durchgestanden.

Die beiden waren mit ihrem dreijährigen Enkel im Park gewesen und im Gespräch mit Bekannten vertieft. Man hatte sich zufällig getroffen. Plötzlich sahen sie, wie jemand einem Mann hinterher rannte, der ihr Enkelkind fest umklammerte. Mit dem strampelnden Kind wurde er glücklicherweise von seinem Verfolger eingeholt und warf das Kind kurzerhand ins Gebüsch. Es war jetzt benommen, der Verbrecher hatte ihm einen Lappen mit Betäubungsmittel auf sein Gesichtchen gedrückt. Ohne die Geistesgegenwart und die Zivilcourage des eingreifenden Passanten wäre das Kind höchstwahrscheinlich nie mehr auffindbar gewesen.

Wir fragten oft nach dem Zweck dieser Entführungen, doch keiner konnte ihn uns hieb- und stichfest nennen. Mutmaßungen führten über illegale Adoptionen (Trauma der Militärregierung!) bis zum Organhandel.

Nach dieser Story war es mit unserer Ruhe dahin. Spielplatzbesuche gestalten sich umso anstrengender, je mehr man seine Augen keinen Millimeter vom Kind lässt. Wir stellten fest, dass das durchwegs alle Eltern so machten und sie sich bei Gesprächen nicht gegenseitig anschauten, sondern einzig ihre Kinder mit Argusaugen beobachteten. Das war unabänderlich ein Schreckgespenst! Zurück in Deutschland waren wir unendlich erleichtert, es wieder losgeworden zu sein.

Manchmal erfährt man Geschichten, die belustigten, obwohl sie brenzlig waren. Einer unserer Bekannten lebte schon länger im Land, argentinisch verheiratet, als junger Kerl oft nachts unterwegs. Auf dem Heimweg musste er einen der Bahnübergänge passieren, die auf beiden Seiten der Schienen mit Stangen eingefasst sind. Als er sich zwischen solchen befand, ohne Fluchtweg, hielten ihm zwei dubiose Gestalten ein Messer an die Kehle und dekorierten ihn ab wie einen Weihnachtsbaum. Selbst alkoholisiert jammerte er: „Lasst mir doch wenigstens meine Uhr!" Tatsächlich fingen die Kerle an, sich zu beraten und entschieden ein „Okay!". Ohne seine teuren Markenschuhe, sein Geld, seine Jacke, seinen Gürtel, sein Käppi, aber mit seiner getreuen Uhr erreichte er seine Wohnung.

Bahnübergang mit Fußgängerschranken

Wie sehr man seinen Besitz kontrollieren und verteidigen muss, falls man nicht will, dass sich hier und dort Teile davon verflüchtigen, zeigt auch das Beispiel des Pizzaservices. Die Lieferanten gehören fast ausschließlich einer Schicht an, die von der Hand in den Mund lebt. Bei unserer ersten Bestellung wussten wir die Frage noch nicht zu deuten, *wie* wir denn bezahlen würden. „Bar", erklärte ich ahnungslos. „Ja klar, aber *wie?"* Was konnte dieses „wie" nur bedeuten? Und welche gezielte Frage würde die Lösung dieses Rätsels präsentieren?

Klare Bekenntnis: „Ich bin neu hier und das ist meine erste Bestellung. Ich weiß nicht, was mit *wie* gemeint ist."

Treffer. Jetzt erschloss sich, dass im Pizzaladen genau notiert wurde, mit welchen Scheinen der Kunde die Lieferung beglich. Dem Lieferanten wurde auf Peso und Centavo das Wechselgeld mitgegeben und dadurch verhindert, dass er sich sein Trinkgeld selbst bemaß. Es war folglich am einfachsten, am Telefon sofort zu sagen, dass man *justo*, wörtlich übersetzt „gerecht" bezahlte, was auf Spanisch gleichzeitig „passend" bedeutet. Besser auch, wenn man schon nachgesehen hatte, ob genug Kleingeld zu Hause war, bevor man seine Lieferadresse durchgab: *Calle La Pampa 3285*, lautete die unsere, mit ihrer titanischen Hausnummer. Dabei war unser Wolkenkratzer noch längst nicht der letzte innerhalb der Kilometer, über die sich die Straße *La Pampa* erstreckte.

Unterwegs durch die Viertel übersähe man leicht die meist winzigen, aber häufigen Pizzabäckereien, verrieten sie nicht die Lieferjungen. Sie lungerten im Dutzend davor herum und warteten auf Aufträge. Der Verdienst des Einzelnen konnte bei dieser Überdosis an Angestellten nichts als gering sein. Im Hinterkopf die gewinnträchtigeren, aber von ihnen nicht ausgeführten Überfälle, honoriert man ihre Arbeitsbereitschaft mit großzügigen Trinkgeldern. Und auch die Pizzabäcker würdigten sie, indem sie die Jungs so zahlreich beschäftigten, selbst wenn es sich dabei um nichts anderes als um einen Gefallen für Verwandte handelte.

Als unsere ersten Pizzas geliefert wurden – die wir *justo* bezahlten – konnten wir sie kaum als solche identifizieren. Der Belag überstieg die gewohnte Menge um das Vierfache, die Käseschicht so dick, dass sie nach allen Seiten vom Teig floss. Es war unmöglich, alleine eine dieser Schwerbeladenen zu vertilgen. Bei allen künftigen Bestellungen beließen wir es deshalb bei einer einzigen, die für die ganze Familie reichte und deren Hälften man praktischerweise verschieden belegen lassen konnte. Der Star unter den Pizzen, mutmaßlich nur in Argentinien vorkommend und selbst dort längst nicht überall angeboten, war jener: Der Untergrund nicht aus Teig, sondern aus Steak!

Momentaufnahme
Entstanden, als nach Erledigungen Zeit für einen Kaffee blieb.

Bahnhof „Belgrano R"

Im Zentrum von Buenos Aires, im Herzen Argentiniens, nur wenige Meter entfernt von der *Casa Rosada*, dem Regierungsgebäude. Inmitten von all dem Gewühl und allgegenwärtigem Verkehrslärm öffnet sich mir über meiner Tasse eine Gedankeninsel. Eindrücke verknoten sich zu Erlebnissen. Um mich Smog und Verkehr, Menschen – und Tauben.

Eine Graue landet auf meinem Tisch, hoffnungsgeladen, einen Keks abzutrotzen. Sie plustert sich auf – ich betrachte sie. Eine feuerrote Plastikschlinge hat sich unlösbar um ihre Zehen gezogen. Ach, sie rührt mich. Du solltest hier nicht sein, wo du niemals auf weiches Gras trittst, jeder Schritt auf dem mit Kleinteilen übersäten Teer dich verletzt und du deine Küken mit Abfällen fütterst, versuche ich ihr telepathisch ins Taubenhirn zu schmuggeln (nicht im Ernst!). Sie ignoriert mich. Natürlich.

Sie zieht ihr Beinchen in die Federn und ich betrachte das andere. An ihm haben die Umstände ihres Lebens einen Zeh amputiert. Sinnbildlich passiert uns Menschen doch in Molochen, diesen Mo-Löchern, dasselbe. Kaum erahnte Seelenstückchen missen in der komprimierten Umgebung die Weite. Trotzdem bleiben wir. Fasziniert und an Ideen saugend, die sich hier verdichten. Sie repräsentieren unser Schaffen, wir nennen es Kultur. Wir nehmen Teil, tragen bei, produzieren – und seien es bloße Gedanken in einer Insel über einer Kaffeetasse.

Doch weh denen, die keine Wahl haben. Die nicht entscheiden können und dürfen, wann sie ihre Segel setzen und weiterziehen, in andere Welten.

Cartonero mit Karren

Ich lebe hier, in Belgrano R. Es ist ein nobles Viertel. Frauen trauen sich nachts auf die Straßen. Es ist geputzt und gekehrt, die Kinderspielplätze sind von sichernden Zäunen umgeben und Hunde gehen an Leinen. Man pflanzt Palmen, in denen Sittiche brüten. Alles bekömmlich, das aufkochende Zentrum binnen zwanzig Minuten mit dem Stadtzug erreichbar.

Und jeden Abend sieht man sie hier. Jene, die keine Wahl haben. Sie kommen im blickdichten Laderaum tonnenschwerer LKWs und bringen Karren mit trägen Gummireifen mit. Dort hinein sammeln sie die Nacht über Karton und Papier. Sie fischen es aus den Mülltonnen. Der Lohn der Recyclingfirmen reicht für billige Kleidung und mageres Essen. Sie sind die Cartoneros, aus den Villas Miserias.

Um eine Wahl zu haben, muss man seine Situation verstehen. Und begreifen können. Die Tauben wissen nicht, dass es ein Ende der Betonfluten gibt und etwas anderes außer Keksen und Plastikschlingen. Die Cartoneros, zählen sie zu den Tauben unter den Großstädtern?

Das Drama mit der Weihnachtspost

Unser zweites südamerikanisches Jahr rundete sich. Die Sonnenintensität hatte Ende Oktober deutlich zugelegt, Parks füllten sich täglich mit mehr Sonnenbadenden und die Paradisoblüten verströmten ihr Paradiesaroma. Die Mönchssittiche krächzten aus ihren kugelförmigen Nestern über den Spielplätzen und Aurora stand kurz vor ihrem dritten Geburtstag. Beim Verlassen der Wohnung wechselte sie die Sprache: drinnen Deutsch, draußen Spanisch. Ihr Spielsachenbedarf stieg und alles von Playmobil und Lego wurde in Argentinien zu sinnwidrig hohen Preisen verkauft. Das hätten wir hingenommen, aber das Angebotene war völlig überholt. In den Packungen steckten Playmobilmännchen, wie sie in unserer eigenen Kindheit üblich waren. Weder an Gelenkigkeit noch in detailgenauer Ausführung konnten sie mit den aktuellen Modellen mithalten. Was lag näher, als sich das Begehrte (dazu zählten möglichst große Mengen deutscher Schokolade), von den nach Wünschen fragenden Verwandten aus Deutschland schicken zu lassen? Als ob das so einfach gewesen wäre!

Man muss wissen, dass in Argentinien, wie auch in Spanien, die Türklingeln nicht mit Namen gekennzeichnet sind, aus Gründen der Sicherheit. Will man jemanden besuchen, darf man nicht vergessen, vorher nach der Nummer der Klingel zu fragen. Vergisst man es, steht man hilflos vor den vielen Knöpfen. Dann muss man in der Wohnung anrufen, anstatt zu klingeln, damit einem geöffnet wird.

Fehlte die Klingel- und Apartmentnummer auf einer Postsendung, oder keiner war zu Hause, wurde sie beim Hausmeister abgegeben – zumindest sollte das so sein. Zum allgemeinen Leidwesen wurde es jedoch locker, lockerer, lockerst gehandhabt. Die argentinische Post besaß von jeher einen denkbar schlechten Ruf. Schon damals, als ich als Jugendliche einen Brieffreund in Ramos Mejía, einer Trabantenstadt von Buenos Aires, hatte, dem ich nahezu monatlich schrieb, ging einiges an Briefen und Päckchen „verloren". Manchmal half es, alles per Einschreiben zu schicken, manchmal bewirkte es genau das Gegenteil. Verdachtsweise schlossen wir daraus, dass den einen Postangestellten eingeschriebene, und damit inhaltlich wertvoller erscheinende Briefe dazu animierten, sie zu klauen, während ein anderer nicht registrierte Sendungen lieber an sich nahm.

Gegen Weihnachten spitzte sich dieses Drama zu und man bekam anstatt vieler Post überhaupt keine mehr. Verzweifelt warteten wir auf abgesprochene Geschenke für unsere Tochter. Ende März erfuhren wir von ratlosen Großeltern und Tanten, dass sie ihre Päckchen zurückerhalten hatten, mit der Notiz: „Die Sendung wurde vom Empfänger nicht entgegengenommen." Dreisterweise war zusätzlich eine neue Portogebühr erhoben worden. Frustrierend, für beide Seiten. Selbst wenn die Sachen nicht wie früher geklaut worden waren.

Und was war mit uns, den Empfängern? Die Postboten läuteten genau einmal. Befand sich zu diesem Zeitpunkt niemand in der Wohnung und der Hausmeister goss die Beete, war die Chance verstrichen. Nahten Festtage, verzichteten die Zusteller großzügig sogar darauf, eine Benachrichtigungskarte einzuwerfen, damit der Adressat seine Post wenigstens hätte abholen können. Wir hatten oft keinerlei Chance, erstens überhaupt zu erfahren, wann ein Päckchen gekommen war und zweitens, dieses irgendwie einzufordern.

Ein Anruf im Postzentrum war ein Ding der Unmöglichkeit. Es gab genau eines für die Innenstadt und damit für drei Millionen Adressaten. Es befand sich in der Nähe des Bahnhofes Retiro und war demnach mit einer gewissen Anreise verbunden. Vor allem mit sehr viel Zeit. Einer arbeitenden, alleinstehenden Person bleibt kaum etwas anderes übrig, als sich dafür einen Tag Urlaub geben zu lassen. Kein Wunder, dass mancher vorzog, sich rein gar nichts schicken zu lassen.

Die Zentrale war eine Halle, ähnlich der für die Vergabe der Führerscheine. Am Eingang drängten Menschenmengen. Jeder in der Masse hielt eine Abholkarte gezückt, deren Nummer er registrieren lassen musste. War dies geschehen, bekam er eine neue, meist achtstellige, ausgehändigt. Mit dieser harrte er aus, bis seine Postsendung in der Lagerhalle gesucht worden war. Das dauerte in der Regel niemals unter einer Stunde, besser man veranschlagte zwei.

Die im Lager gefundenen Nummern wurden per Lautsprecher über den Köpfen der mindestens zweihundert Wartenden aufgerufen. Sie waren kaum verständlich, Konzentration vonnöten, um die eigene nicht zu verpassen. War sie dabei, durfte man in einer kleinen Ausgabestelle sein Paket abholen. Wir waren bei Leibe nicht die einzigen, die ihre Zahl nicht auf Anhieb richtig verstanden. Folglich sammelten sich ständig mehrere

Fehlgeleitete an der Abholtheke. Nachdrücklich, aber immerzu freundlich, wurden sie zurück in die Halle geschickt, saßen und standen von Neuen. Summa summarum vier Stunden nach dem Verlassen der eigenen Wohnung betrat man diese wieder und hatte sich seine Post wirklich redlich verdient.

Da ich arbeitete, traf Ron diese Prozedur. Es sei denn, wir legten sie auf einen Samstag, damit ich sie übernehmen konnte. Allerdings opfert man ungern einen Wochenendtag für ein solches Heckmeck und steht es lieber wochentags durch, selbst wenn es dann mit einem Kleinkind im Schlepptau geschieht. Einmal, als sich Vater und Kind nach einem Post-Marathon auf dem Spielplatz unseres Viertels erholten, schubste das Schicksal Ron eine gewisse Kompensation zu in Form einer Insiderinformation.

„Vom Konzert der Toten Hosen hast du sicher gehört", fragte ihn verschwörerisch ein befreundeter Papa eines Kindergartenkindes aus Auroras Gruppe, „aber weißt du, dass es ein Undergroundkonzert geben wird? Ganz privat! Und gratis. Nur für eingefleischte Fans und nur für solche, die persönlich und mündlich informiert werden."

Jeder Anhänger der 1982 in Düsseldorf gegründeten deutschen Punkrockband stolpert irgendwann über die Affinität der Bandmitglieder zu Argentinien. Im Land lebend kommen einem die begeisterten Konzertberichte der einheimischen Fans zu Ohren. Aber die neueste Information war eine, die nicht in aller Munde war.

„Meine Frau arbeitet in der Deutschen Botschaft", erzählte der Papa, die Euphorie sickerte ihm aus jeder Pore. „Die Hosen lassen über die Botschaft bei der Polizei anfragen, ob für ihr Gratiskonzert die *Calle Rodríguez Peña* gesperrt werden kann. Es soll am vierten November stattfinden. Falls du die Straße nicht kennst und hin willst, und ich kann mir nicht vorstellen, dass du nicht willst, sie ist im Stadtteil Recoleta, wo Evita Perón auf dem Friedhof liegt. Die Genehmigung ist schon so gut wie ausgestellt."

1992 war die Band zum ersten Mal in Buenos Aires aufgetreten und seitdem regelmäßig und oft zurückgekehrt, sei es für Konzerte, oder um in den Bergen von Mendoza Ski zu fahren. Ein argentinischer Fan hatte einst geschrieben und angefragt, ob sie nicht für ihre südamerikanischen Anhänger spielen wollten. Der Wunsch wurde Wirklichkeit und seine

Idole honorierten, wie der Kontakt zum Land zustande gekommen war. Nicht etwa durch den Kommerzgedanken einer Plattenfirma, sondern durch direktes persönliches Interesse und das Aktivwerden eines Repräsentanten des damaligen argentinischen Fangrüppchens.

Was hätte Ron gern seinen *amigo*, in dessen Kiosk er sich regelmäßig zu Mittag *Empanadas* holte, am Event teilhaben lassen. Jaime trug fast ausschließlich T-Shirts seiner Lieblingsband und lernte sämtliche Songtexte auswendig, um sie vor jedem Deutschen, dem er begegnete, zum Besten zu geben und sich von ihm Aussprache und Inhalt der Songs erklären zu lassen. „Verreist", erklärte Jaimes Cousin, der ihn während dieser Woche vertrat. „Sag ihm besser nicht, was er verpasst hat."

Selbstredend war Ron zur richtigen Zeit am richtigen Ort, tauchte ein in Konzert und schäumenden Taumel von Band und Fans, sah, wie sich Frontmann Campino vom improvisierten Balkon des Tattoo-Studios namens *American*, auf dem der Auftritt stattfand, über die angebaute erweiternde Bühnenplattform auf einen Baum schwang und von dort aus auf Tuchfühlung ging. Bereichert mit diesen Erinnerungen ließen sich sämtliche Wartehallen auf Ämtern wesentlich leichter und mit mehr stoischer Gelassenheit hinnehmen.

Drittes Jahr

9000 Kilometer Patagonien
Mail an unsere Familien und Freunde

Wir melden uns zurück von unserer siebenwöchigen Urlaubstour ganz ohne Elektronik (keine Mails beantwortet), heil und glücklich. Zum ersten Mal in Argentinien verbrachten wir total entspannte Wochen, gänzlich ohne Hektik, ohne jeglichen Termin- oder Zeitdruck. Einfach fabelhaft!

Windwuchsrichtung am Lago Musters

Um unsere Sommerferien äußerst auszunutzen, verlegten wir Weihnachten vor. Auroras Alter hatte den Vorteil, dass sie das in keiner Weise merkte und wir schon am achtzehnten Dezember das Christkind für sie kommen ließen. Zwei Tage später machten wir uns auf gen Süden, die ersten Ziele waren noch fast touristenverschont. Erst nach Neujahr füllt sich für gewöhnlich jedes Fleckchen.

Wir folgten der Küste, mit einigen Abstechern ins Landesinnere, bis zur Magellanstraße und fuhren am Fuß der Anden zurück in den Norden und danach die Pampa durchquerend wieder nach Hause. Der Wind blies fast überall und ständig heftig, was sich sogar im Wuchs der Bäume zeigte. Als wir zum ersten Mal unser Zelt aufstellten, hielt es sich nur kurze Zeit aufrecht. Wenige Stunden später drückte es der angehende Sturm flach auf den Boden. Allein der Gepäckmenge im Inneren war es zu verdanken, dass es nicht seinen Platz gewechselt hat. Es war zu spät, um noch einmal umzuziehen und wir mussten eine ungemütliche Nacht darin verbringen.

Die Erfahrung zeigte uns, dass man Zeltplätze am besten sofort auf ihre windgeschützten Stellen hin überprüft. Außerdem ist es vorteilhaft, die in jedem argentinischen Auto installierte Alarmanlage in und auswendig zu kennen, damit man sie auch nachts schnell abschalten kann. Unsere weckte am Morgen den ganzen Platz, als ihre Sirene losheulte und wir weder wussten warum, noch wo sich die Notabschaltung befand. Der Radau war uns schweinspeinlich. Die Schlafenden krochen aus ihren Zelten – um zu helfen, nicht um zu schimpfen! – und gemeinsam war bald der richtige Knopf gefunden. „Das kann jedem mal passieren", trösteten lächelnd unsere Zeltnachbarn und wir stellten uns vor, wie die Kommentare in Deutschland ausgefallen wären.

In Argentinien lebten vor der Kolonisierung nomadische, relativ kleine Gruppen Ureinwohner. Zahlenmäßig waren sie nicht stark und es war deswegen umso leichter, sie fast vollständig auszurotten. Kein Mestizenvolk entstand. Neben den Randgebieten im Norden leben Indigene im Süden des Landes. Statistiken und Aufzeichnungen sind nachlesbar. Was die Menschen selbst erzählen, interessiert. Je weiter südlich wir kamen, desto dunkler waren sie. Überraschend dunkel. Die Weißen hatten sich dort nie in Scharen niedergelassen. Vielleicht einer größeren Gerechtigkeit des Schicksals folgend erobern sich die ersten Einwohner nun peu à peu ihr Land in abgelegenen Gegenden zurück. Ihre Familien sind kinderreicher und optisch dominiert ihr Phänotyp bei Nachkommen verschiedenfarbiger Eltern.

Außerdem ist die Partikel „che", sie bedeutet auf Araukarisch, der Sprache der Mapuche, „Mensch" oder „Leute", aus dem argentinischen Spanisch nicht wegzudenken. Benutzt wird sie bei Gedankenpausen, um nach Aufmerksamkeit zu rufen und am Satzende. Man verbindet sie mit den Einwohnern des La-Plata-Raumes ebenso unverrückbar wie gestikulierendes Sprechen mit den Italienern. Einem der größten Söhne des Landes wurde das Wörtchen sogar in den Namen integriert: Ernesto Che

Guevara. Die Cubaner nannten ihn so, weil für sie sein ständiges „che" während seiner Jahre mit Fidel Castro nachhallend prägnant war.

Nach einem Reisemonat standen wir an der Magellanstraße, der Grenze zu Feuerland. Sie plätscherte grüngräulich und windgekräuselt

Lago Grey/Südchile

Haus in Puntas Arenas

am Ufer auf faustgroßen Kieseln. Über uns dramatisch dunkelgraue Wolken. Man könne baden, es sei ja Sommer, hatten wir im Hotel erfahren. Barfuß ging ich über die Steine und bis zu den Waden ins Wasser. Tapfer fand ich mich dabei, wollte unbedingt drin gewesen sein, in diesem markanten Graben des Kontinents. Doch zwanzig Zentimeter mussten reichen. Mehr ging nicht.

Friedhof von Punta Arenas/Chile

Die Umschiffung des Kaps an der Südspitze des Kontinentes, des Kap Hoorns, bedeutete zu alten Seefahrerzeiten Nervenkitzel, Abenteuerlust, Respekt, und vor allem Angst. Sie war bis zur Eröffnung des Panamakanals im August 1914, neben der Magellanstraße, deren Windverhältnisse ebenfalls als tückisch gelten, die einzige Möglichkeit, um von Europa aus die Westküste des amerikanischen Kontinentes zu erreichen. Die Böen zwangen zu ständigem Kreuzen auf hoher See. Kälte, schlechte Sicht und Eisberge machten es zu einem lebensgefährlichen Unterfangen. 800 Schiffe und rund 10.000 Seeleute fanden bis heute ihr Ende im Südpazifik.

Die Unglücke nahmen in der Moderne drastisch ab, ließen sich aber nicht gänzlich bannen. Die chilenische Dichterin Sara Vial widmete den Ertrunkenen ein Gedicht, das auf einer Tafel am Seefahrerdenkmal des Kaps zu lesen ist:

Ich bin der Albatros, der am Ende der Welt auf dich wartet.
Ich bin die vergessene Seele der toten Seeleute,
die zum Kap Hoorn segelten, von allen Meeren der Erde.
Aber sie sind nicht gestorben im Toben der Wellen,
denn jetzt fliegen sie auf meinen Schwingen für alle Zeit in die Ewigkeit,
wo am tiefsten Abgrund der antarktische Sturm heult.

Die Witterung wurde immer weniger kleinkindgeeignet. Zu starker Wind und Südsommertemperaturen zwischen fünf und acht Grad von Luft und Wasser scheuchten uns Richtung Norden, in gemäßigtere Zonen.

Wir überqueren die Grenze zu Chile für das pittoreske Punta Arenas samt seinem Friedhof. Kaum ein Reiseführer kommt aus, ohne seine Baumskulpturen des hohen Gärtnerhandwerks abzudrucken. Ganzjährig geheizt wird im Städtchen und die Häuser umgeben dieselben Sommerblumen, die auch in Deutschland blühen – Raine purpurner und violetter Lupinen voneweg.

Seiner Werke wegen sprach ich einen Maler auf der zentralen Plaza an, ein leidenschaftlicher Liebhaber der vier ehemals auf Feuerland ansässigen Volksgruppen, ein Leuchtfeuer an Wissen. Eine dieser Gruppen waren die Selk'nam. Die letzte Reinblütige starb vor wenigen Jahren. Und die letzte Ona-Indigena 1999.

Er, der junge Maler, dessen Gene von diesen beiden Völkern und noch weiteren stammten, hatte das für immer dahingegangene Glück noch gehabt: Die letzte Selk'nam hatte ihm vor ihrem Tod erlaubt, sie zu malen. Er zeigte sie uns auf einem Foto des Gemäldes. Das Original brachte er nicht auf die Plaza mit. Drei Weibchen waren darauf zu sehen, vom Alter geschrumpft, dennoch aufrecht, mit starken Gesichtern. Um ihre Hüften fielen locker lila Röcke. Bänder in den Farben des Volkes, Rot und Weiß, lagen über den nackten Brüsten. Das Bild bannte. Beides war so ungewöhnlich, Malstil wie Frauen.

Dann packte der Chilene das Foto weg und berichtete vom Mythos des Volkes. Manche Inhalte ähnelten Erzählungen der Azteken, bei denen Sonne und Mond auch eine zentrale Rolle einnahmen und sich als zu Stein gewordene Götter in den Pyramiden von Teotihuacán verewigten. Das erinnert wiederum daran, dass Menschen überall wie Menschen ticken und ihnen verwandte Erklärungsmodelle naheliegen.

Egal, ob in der mexikanischen Hochebene oder nahe des Südpols, ob Sonne und Mond vom Himmel herabsteigen oder in diesen hinauf. Nun die Geschichte der Selk´nam:

Selk´nam in ritueller Kleidung

Zu einer früheren Zeit, als Mond und Sonne noch auf der Erde lebten, war „die" Mond („kren" in der Sprache der Selk´nam, „la luna" in Spanisch und hier ebenfalls weiblich) „dem" Sonne („kre", wie „el sol", männlich) überlegen. Frau Mond und die Ihren erreichten das dadurch, dass sie sich verkleideten, bemalten und so Herrn Sonne und alle anderen männlichen Wesen verschreckten, vertrieben, in die Schranken wiesen.

Eines Abends wollte Herr Sonne Frau Mond besuchen und als er in ihr Zelt kam, war sie dabei, sich umzukleiden und abzuwaschen. Da erkannte er, dass die Schreckgestalten nichts anderes waren als Frau Mond und die anderen Frauen. Vorbei war es mit der Vorherrschaft, und Mond und Sonne stiegen in den Himmel. Bis heute versucht Frau Mond, ihren alten Status zurückzuerobern, indem sie Herrn Sonne täglich am Firmament verfolgt und einmal im Monat voll wird, wenn sie an Kraft gewinnt.

Um als Männer anerkannt zu werden, mussten die Selk´nam-Burschen gegen eben solche Gestalten antreten, deren Gesichter unter einer Maske verborgen und deren Körper mit Ton, Erde und Asche in Weiß, Rot und Schwarz bemalt waren, wie damals bei Frau Mond. Sie kämpften gegen das Weibliche. Immerfort jagte und jagt es Furcht ein. Kein Männermuskel hat je ausgereicht, um diese Angst zu besiegen. Doch der Geist des Mannes, der könnte es. Was gäben wir Frauen der Welt dafür, versuchten mehr Männer, anstatt uns durch ihre körperliche Überlegenheit zu beherrschen, uns mit ihrem Geist zu beeindrucken, und so – garantiert mit nachhaltigerem Ergebnis! – uns für sich zu gewinnen. Das wäre mutig! Und imponierend, sich vom Intellekt der Männer stark gefordert zu wissen, anstatt von ihrer Gewaltbereitschaft latent oder direkt bedroht.

Ich gebe zu, meine zahlreichen Alleingänge als weiße Frau, als Beute, in Mexiko wirken nach. Und verstärken die Sehnsucht nach bewussten, kopforientierten Männern. Speziell in bildungsschwachen Landstrichen. Auch rituell verkleidete Frauen hatte der Chilene gemalt. Dieses, so viel sagende, Bild kauften wir.

Die Selk´nam hatten eine Sprache, in der man durch Abwandlung der Verben ungleich mehr ausdrückte als auf Deutsch. Wir wandeln "beißen", als ein Beispiel, durch Vorsilben: zerbeißen, abbeißen, reinbeißen und klein beißen. Den Selk´nam gelang durch Anhänge mehr: „langsam in kleine Stücke zerbeißen" oder „von einem großen Teil etwas hastig abbeißen". Alles in nur einem Wort enthalten.

Dass dieses Südvolk fast unmenschlich kälteresistent war, belegen alte Fotografien. In einem winzigen ethnologischen Museum war zu lernen, dass sie sich nach der Robbenjagd nackt auszogen und so zurück an Land schwammen, um ihre Kleidung nicht nass zu machen.

Ergreifend ist die Nähe, sie rührt immer, die patagonische Tiere zulassen, bis hin zum Anfassen – wie die Magellanpinguine. Seelöwen ebenso, wenn man sich traut. Keinen sahen wir aber, der das wagte: Die Quetschungsgefahr war zu groß. Commersondelfine, auch Tonina genannt, fotografierten wir vom Boot aus. Bucht man eine Tour, kalkuliert man andernorts ein, nicht mehr als ein paar Exemplare der gesuchten Tiere aus der Ferne zu sehen. Aber die patagonischen traten in Schwärmen auf. Sie tauchten ums Boot, davor, dahinter und unten durch. Ist man visuell veranlagt, empfänglich für Bilder, Formen, Bewegungen, wiederholt sich einem nachts im Traum ein solches Treiben, fast als sei es echt und wolle nimmer enden!

Commersondelfine

Ähnlich verhält es sich mit den Farben. Nicht wenige riefen vor der Reise: „Was! Patagonien! Die Farben dort, die Wahnsinnsfarben!" Im Voraus ist nicht auszudenken, wie Hunderte von Wüstenkilometern sonderlich koloriert sein sollen. Doch dort sitzen sie nicht, all die Pastelltöne, die je nach Lichteinfall kräftig, gar grell, aufstrahlen. Hügelige Gesteinsschichten, von eintönigen Trockenlandschaften unterbrochen, unzählige Sommerblumen und immer wieder Himmel und Meer, beanspruchen sie für sich. Morgen- und Abenddämmerungen ziehen sich über Stunden, Wasser wie Land reflektieren dabei das Licht in kaum zu toppender Intensität. Was hätten wir anderes werden können als selbst Schwärmer für Patagonien, erfasst von eben dieser Anziehungskraft!

Zwei Parks von versteinerten Wäldern betraten wir ehrfürchtig wegen des Alters und der Seltenheit der Fossilien. Wir machten uns kundig und beäugten, wie versteinertes Holz aussieht, auch ungeschliffen und unbehandelt. Es dann als solches erkennend stellten wir allmählich fest, dass es nicht gerade in geringen Mengen vorhanden ist. Verspielte Pensionen fassen mit Stücken davon ihre Blumenbeete ein und an Ortseingängen stehen ohne weiteres zwei ganze Stämme zur Dekoration. So wurde unsere Ehrfurcht zwar etwas kleiner, nicht aber unsere Wertschätzung.

Guanakojunges an einer Tankstelle

Noch mehr Strahlen, Leuchten und Glanz: Eisberge! Keiner sollte sich dem Südpol nähern, ohne sich unter grauen Wolken von ihrer Schönheit bezirzen zu lassen. Gerade bei bedecktem Himmel scheint das Gefrorene am hellsten. Das Blau schlichtweg irreal. Wie bei einer Leuchtreklame! Wäre es anstatt neonblau neongelb oder -grün, es hätte uns nicht weniger berückt und wir hätten dem Eis auch diese Farben abgenommen. In einer windgeschützten Kuhle, ohne Schnee, auf trockenen Gras, blieben wir lange. Am Lago Grey, in dem lose Eisschollen treiben. Man erfasst sie nicht binnen Minuten. Dazu braucht es Zeit. Um sich dem Augenblick hinzugeben, bis man das Panorama in sich konserviert hat, bis einem die niedrige Temperatur zu sehr unter die Kleidung kriecht.

Gletscher liegen keinesfalls ruhig da. Sie äußern sich in ihrer Sprache, der des Eises. Das kracht wie bei Gewehrschüssen oder bei umstürzenden Bäumen. Fast will man sich einbilden, sie sprächen mit ihrem angetanen Publikum. Wie gern hätten wir länger zugehört, aber Aurora vertrug den kalten Wind nicht und wurde extrem grantig. So gehen die Bedürfnisse innerhalb einer Familie manchmal weit auseinander und wir verließen den berühmten Perito Moreno Gletscher am Lago Argentino viel zu schnell. Er ist Teil des südamerikanischen Gletschergebietes der Anden und zieht sich, im Gegensatz zu vielen seiner Verwandten, nicht zurück. Das könnte an seinem Aufbau liegen, ist jedoch nicht eindeutig geklärt. Periodisch sperrt seine Zunge den Südarm des Lago Argentino ab, dessen Wasserspiegel daraufhin zu steigen beginnt. Ist der Druck auf die Eismassen groß genug, bahnt sich das Wasser seinen Weg und hochhausgroße Eisberge werden abgesprengt, bis der Durchgang wieder frei ist.

Erzählte ich euch, dass jetzt im Februar, und damit zum baldigen Start des dritten Schuljahres, die Temperaturen in Buenos Aires auch nachts nicht mehr unter dreißig Grad fallen? Ihr kennt unser Frieren in Deutschland und wisst, was uns die Wärme wert ist, ganz besonders jetzt, nach einem relativ kalten Urlaub.

Zu unseren prägnanten Reiseerinnerungen zählen Gruppen von Motorradfahrern. Zum ersten Mal waren die meisten ihrer Mitglieder raus aus Europa, aus Alltag und Familie, aus Drill und vermeintlicher Pflicht. Oft konnten sie sich aufgrund ihres fortgeschrittenen Alters kaum für mehrere Stunden im Sattel halten. Sie verwirklichten sich einen Lebenstraum – beim Rentenbeginn. Ihre Konstitution und ihr zum Teil weit fortgeschrittenes Alter hielten wieder unverrückbar, ganz klar, ganz hart, vor Augen, dass man nichts, rein gar nichts, keine Idee, keinen Wunsch, kein Furzelchen und keinen Lebensentwurf auf das allseits bekannte *Später!* schieben darf. Und keine Ausrede als Entschuldigung, als Lossprechung gilt, der Zeitpunkt passe jetzt noch nicht. Nachher käme er. Ob er noch kommt, weiß keiner. Natürlich stehen nicht jedem zu jeder Zeit alle Möglichkeiten offen, trotzdem ist es richtungsweisend, sich eine alte Lebensweisheit groß auf den Bauch zu pinseln: „Wenn die Zeit kommt, in der man könnte, ist die vorüber, in der man kann!", und deshalb das berühmte Eisen zu schmieden, so lange es noch heiß ist!

Herzliche Grüße und fragt uns alles, was ihr wissen möchtet!

Daniel, Lehrer an einer staatlichen Schule

Daniel und ich waren Freunde seit unserer Jugend. Ich wuchs im kleinen Dorf in Süddeutschland auf und war immer auf der Suche nach mehr Anregungen, als sie mir meine Umgebung bot. Deshalb schaltete ich während der Teenagerzeit Anzeigen in ausländischen Zeitungen auf der Suche nach Briefkontakten. In dieser Zeit gewann ich Gefährten fürs Leben, zu denen das Verhältnis bis heute innig ist.

*Daniel, el „profesor"
(Lehrer)*

„Nichts lässt die Welt so geräumig erscheinen, wie gute Freunde, die man in der Ferne hat!" Schon wieder eine Klugheit, nicht von mir. Ich las sie einst im Poesiealbum einer Studienkollegin. Heute denke ich, dass ich es ihr damals hätte gleichtun und ein Büchlein herumreichen sollen, um mir selbst von allen Kommilitonen ihre Lieblingsworte schenken zu lassen.

Daniel war einer, der auf meine Annoncen reagierte. Auf inhaltsbeladenen Seiten schilderte er mir sein Land, schickte mir Postkarten und Fotos und ich wartete sehnsüchtig auf jedes weitere Fenster hinaus in die Welt, das sich mir durch seine Post öffnete. Persönlich sollten wir uns erst treffen, als ich meine Stelle in Buenos Aires antrat. Vorher hatten mich sämtliche Wege in andere Regionen geführt. Daniels Briefe besaßen zusätzlich zu den Berichten seiner Erlebnisse den Charakter eines Reise- und Kulturführers, immer aus seinem ganz persönlichen Blickwinkel, und so waren sie mir viele Jahre später eine willkommene Einwanderungsvorbereitung.

Eigentlich war Daniels Berufswunsch der des Piloten gewesen. Beim argentinischen Staatsbankrott 2002 verlor er aber, wie viele seiner Landsleute, die Ersparnisse und damit die Möglichkeit, sich diesen Wunsch zu erfüllen. Alternativ entschied er sich dafür, Geografielehrer zu werden. Er wohnt in Ramos Mejía, einer zum Großraum Buenos Aires zählenden Stadt. Dort befindet sich auch seine Schule. Bei meinen Besuchen berichtete er von seinem schwierigen Alltag.

„Die Schüler wollen nicht, weißt du."

„Das kommt doch überall und in allen Klassen vor."

„Hier ist es etwas anderes. An meiner Schule ist das nicht vergleichbar. Mehr als die Hälfte der Klasse besteht nur aus Wiederholern und sie kauen den Stoff nicht zum ersten Mal wieder, sondern befinden sich im zweiten oder dritten Turnus."

„Wie das? Ich höre an meiner Schule immer, dass es in Argentinien nicht vorgesehen ist, eine Klasse zu wiederholen. Erreicht ein Schüler das Jahresziel nicht, wird doch nachgeprüft und zwar so lange, bis er die Prüfung doch noch schafft."

„Ja, das sagt man", stöhnte Daniel unverblümt resigniert. „Du arbeitest an einer Privatschule, da ticken die Uhren anders. Es gibt staatliche Schulen, die alle Durchfaller aufnehmen müssen. Selbst diejenigen, die sich als nachprüfungsresistent erweisen. Eine solche Schule ist meine. Die Jugendlichen kommen aus der Umgebung und vom Land. Wenn es stark regnet und die Straßen schlammig werden, kommen sie gar nicht und das passiert oft. Aber das sind die kleineren Probleme."

„Welche sind die größeren?" Ich wollte jetzt Details.

„Die Ausstattung. Schau, ich unterrichte Geografie. Dafür braucht man Kartenmaterial, oder? Bis zum letzten Schuljahr waren genau zwei

Weltkarten vorhanden. Dann verschwand eine. Ist mein Kollege jetzt am Morgen schneller, stehe ich ohne Karte da."

„Man wird doch weitere Karten kaufen können, die kosten doch nicht die Welt! Was sagt der Direktor dazu?"

„Das ist es ja gerade. Er sitzt auf seinem Posten, alles andere ist ihm gleich und diese Haltung wird er beibehalten. Sie ist keine seltene. Ich versuchte ihm zu erklären, dass es für meine Arbeit unabdingbar ist, wenigstens mit relativer Regelmäßigkeit über eine Weltkarte zu verfügen. Als ich zu insistieren begann, warf er mich aus seinem Büro. Ich sollte ihn gefälligst in Zukunft nicht mehr mit derartigen Belanglosigkeiten belästigen, falls ich meinen Job behalten wolle."

Ratlos sah ich meinen alten Freund an. Die Eltern verdienten selbst zu wenig, als dass sie ihre Kinder mit dem nötigen Schulmaterial hätten ausstatten können. Aus mangelnder eigener Bildung fehlte ihnen auch das Bewusstsein, wie zukunftssichernd das wäre. Wollte Daniel das an allen Ecken und Enden fehlende Lehrmaterial ausgleichen, müsste er es selbst kaufen. Mit dem Gehalt eines staatlichen Lehrers war daran nicht zu denken. Praktisch leere Klassenräume, ohne jegliche zusätzliche Ausstattung, nur Tische und Stühle, eine Tafel, kannte ich aus manchen Ländern, nur derart weit hinter die Kulissen schaute ich zuvor nie. Langsam begann ich zu begreifen, wie man als junger Mensch seine Schulzeit hinter sich bringt, ohne groß etwas gelernt zu haben. Und warum fast jeder Argentinier, in dessen finanziellen Möglichkeiten es steht, und sei es mit krampfhaften Verrenkungen, seine Kinder auf private Schulen schickt. Ich glaubte mich an meinem Arbeitsplatz plötzlich im Paradies, trotz des hohen Krafteinsatzes und vielgestaltiger Schwierigkeiten.

„An etlichen Tagen kann ich gar nichts mit den Schülern machen", fuhr Daniel fort. „Bei Regenfällen muss ich sowieso erst mal ein bis zwei Stunden warten, damit es mehr als fünf werden. Das Schlimmste ist ihre Respektlosigkeit. Sie interessieren sich nicht fürs Lernen und sie wissen, dass man ihnen als Lehrer ausgeliefert ist. Dem Direktor ist es ja egal, was in den Klassenzimmern passiert. Pass auf, ich erzähl dir eine Geschichte!

An einem Regenvormittag wartete ich mit vier Schülern auf weitere. Ich las die Zeitung, sah meine Unterlagen durch, die Jugendlichen unterhielten sich. Ich blickte auf, alarmiert durch verdächtige Geräusche, und sah, dass sich ein Pärchen aus Stühlen und Jacken einen Sichtschutz gebaut hatte. Langsam und leise ging ich auf die mir zuvor verborgene Seite. Und was meinst Du? Das Mädchen saß dem Jungen um die Hüfte. Ihr T-Shirt war hochgeschoben und der Kerl nuckelte an ihren Brüsten.

Sollte ich wegen dieser „Belanglosigkeit", nichts anderes wäre es für den Direktor gewesen, mal wieder bei ihm vorsprechen und zum Schluss doch noch riskieren, dass er mich rauswirft, wenn ich ihn nicht in Ruhe lasse? Ich habe nichts getan. Weil ich nichts tun konnte, verstehst du? Das Mädchen zog ihr T-Shirt wieder über ihren Busen, irgendwann kamen weitere Schüler, der Tag verstrich. Ein ganz normaler Schultag."

Als ich mich von Daniel verabschiedete und nach Hause in die Innenstadt fuhr, in unser gut situiertes Viertel, in dem meine teure Privatschule lag, war das Bild in meinem Kopf um kantige Mosaiksteinchen reicher. Von außen sieht man bei Ländern wie Argentinien meistens nur, dass „irgendetwas" nicht funktioniert, und reimt sich die Gründe der Mankos aus Politik und Wirtschaftsführung zusammen. Von innen betrachtet darf man mit der Zeit nachvollziehen, welche großen, kleinen und oft winzigen Faktoren das Weiterschreiten vereiteln. Einer davon ist, dass der Großteil der Bevölkerung jede Verantwortung ablehnt. Man trägt nie die Schuld an einer Sache, diese geht immer auf das Konto von anderen. Am Ende entpuppt sich dann alles nur als „Missverständnis" und man macht weiter wie zuvor. Keiner darf je sein Gesicht verlieren, welches er auch immer aufgesetzt hat.

Kleine Beispiele dazu erlebte ich zahlreich an meiner eigenen Schule. Versäumnisse wurden kaum je den Schülern selbst angerechnet oder von ihnen als ihr eigenes Fehlverhalten empfunden. Ging ein Arbeitsblatt verloren, hatte es *ein anderer* weggenommen, der dann nie auffindbar war. Beim Durchblättern durch den Ordner konnte es leicht passieren, dass man auf das gesuchte Blatt stieß. Doch anstatt: „*Ich* habe es falsch eingeordnet", hörte man: „Ach *dieses* Blatt! Ich dachte es ginge um ein anderes." Jetzt war es ja da und damit alles gut und letztendlich handelte es sich um ein Missverständnis und keiner hatte etwas falsch gemacht. Höchstens der, der eine Schlamperei unterstellte, also der Lehrer. Es gab kein Eingeständnis, keine Konsequenz, und keine daraus resultierende Verhaltensänderung. Gravierendes darf man daraus ablesen, was es für ein Land bedeuten muss, wenn sich diese Herangehensweise von der untersten bis zur obersten Ebene zieht. Hier möchte ich die Bemühungen der Leitung meiner Schule jedoch hervorheben, die stets auf diplomatischste Weise versuchte, dem entgegenzuwirken, was durchaus Anerkennung fand.

Genauso ins Rampenlicht gestellt wie das Sich-Herauswinden gehört aber auch eine der größten Stärken der Argentinier. Sie ist ihre Fähigkeit, loszulassen und zu vergeben. Egal wie vehement Auseinandersetzungen geführt werden, man ist danach nie beleidigt oder dem Gegenüber gar böse. Anfangs irritiert das eher. Die explosiv-hitzige Gesprächskultur erinnert an die der Süditaliener. Von ihnen kamen während der großen Einwanderungswellen am Ende des 18. und am Anfang des 19. Jahrhunderts fünf Millionen ins Land. Wesensverwandtschaften beider Völker lassen sich sicher nicht verneinen.

Nach den ersten Meinungsverschiedenheiten mit Kollegen sorgte ich mich, ob eine Entschuldigung oder ein klärendes Gespräch am nächsten Tag angebracht wäre. Ohne solches kann in Deutschland die Stimmung leicht in Schieflage geraten oder frostig werden. Ein Argentinier macht sich aber augenblicklich und lautstark Luft, ganz ohne es persönlich zu meinen, wenn er dabei auch die Argumente des Gegenübers nicht mehr aufnimmt. Stunden später gehört die Unstimmigkeit der Vergangenheit an und hat keine langfristigen Auswirkungen. Eine freundliche Geste empfängt einen beim nächsten Aufeinandertreffen anstatt eines verstimmten Gesichts.

Und dieses Verhalten? Was folgt aus ihm? Schließlich legt keiner der Kontrahenten angesichts einer solch starken Emotionalität seinen Standpunkt detailliert klar. Werden Konflikte auf diese Art je ganz geklärt? Kann man sich so wirklich verstehen und eine andere Meinung wertschätzen? Und wie wirken wir Deutschen auf die Argentinier, wenn wir nicht ebenfalls überbetont auf unserer Sichtweise bestehen? Der Verteidigung der Idee oder Meinung kommt die untergeordnete Rolle zu, übergeordnet ist, sich Respekt zu verschaffen.

Wenn auch konstruktive Diskussionen so nicht leicht zu führen sind, werden sie trotzdem von einer Leichtigkeit getragen, die vom ständigen Gedankenwälzen entbindet.

Gehen oder bleiben
Mail Ende Mai 2010 an unsere Familien und Freunde

Seid von Herzen gegrüßt, nach einer längeren Schreibpause!

Die Neuigkeiten werden weniger – deshalb auch die Mails. Schleichend ist aus vielem Aufregendem Alltag geworden, den man, wie überall, abarbeitet und bewältigt. Und erst in diesem sieht man manches klarer.

Es ist ähnlich wie bei einer neuen Beziehung: Wenn die hormonelle Verliebtheit nachlässt, treten Tatsachen unverstellter hervor. Auch auf ihrer Grundlage müssen Entscheidungen wachsen. Gerade, weil auf unsere Verliebtheit ins Land Liebe zu ihm folgte. Weitermachen oder neue Weichen stellen? In Argentinien bleiben oder zurück nach Deutschland?

Das hat uns in den letzten drei Monaten extrem beschäftigt. Nach all dem Energieaufwand ist im dritten Jahr alles unendlich leichter geworden. Es sind die zahlreichen kleinen Rädchen eines Uhrwerks, die sich im Laufe der Zeit wie von selbst gestellt haben. Wir sind eingeschwungen auf die landesspezifischen Abläufe, ich spüre es vor allem in der Schule. Von den Kämpfen am Anfang ist fast nichts geblieben. Die Schüler kennen mich und ich kenne jetzt die Gepflogenheiten, weiß, wann ich wie reagieren muss. Es handelt sich dabei um Kleinigkeiten und die sind anders als in Deutschland und für mich meistens weniger deutlich als in Mexiko. Sie sind in Argentinien verdeckter und bewirken, dass man sich mit seiner Umwelt im Einklang bewegen kann, wenn man sie intus hat.

Innerlich mache ich täglich, fast stündlich, Listen, was für Gehen oder Hierbleiben spricht, obwohl eigentlich schon alles entschieden ist. Aber da es für uns kein Entschluss ist, bei dem das eine oder andere präzise überwiegt, ist er schwer auszuhalten. Südamerika wieder aufzugeben, nachdem das Leben geschmeidig geworden ist, das Wetter, der Winter nicht unangenehmer als ein verregneter deutscher Sommer, den Blick auf die Palme vor unserem Wohnzimmerfenster. Stattdessen zurück in eine Welt, in der man sich besser jede ihrer zahlreichen und gleichzeitig sicher oft sinnvollen Verhaltensregeln kontinuierlich vor Augen hält, um diese nicht unabsichtlich – und als Folge meist recht kostspielig – in

Blumenstrauß in Nationalfarben

Die Inkabrücke bei Mendoza

einem geistesabwesenden Moment zu übertreten. Das fällt nicht leicht. Wahrscheinlich kennt jeder das latent beklemmende Gefühl beim Gedanken an die Konsequenzen, wenn man versehentlich eine rote Ampel überfährt, oder einen Vertrag nicht rechtzeitig verlängert beziehungsweise kündigt. Das Ergebnis belastet den Geldbeutel und es bleibt einem keine andere Wahl, als zu zahlen. In Argentinien dagegen findet sich meistens ein Schlupfloch fürs unaufwendige und billige Geradebiegen.

So sieht diese Welt, die deutsche, aus der Ferne aus. Trotzdem hat sie auch ein anderes Gesicht. Saubere Luft, grüne Wiesen im Sommer, Bewegungsfreiheit für ein Kind, auf die es in einem Großstadtknoten immer verzichten muss.

Zum Vergleich: Buenos Aires hat eine Bevölkerungsdichte von fünfzehntausend Einwohnern pro Quadratkilometer. Das ist eine Tatsache, die auf Dauer zehrt. Wir haben extra recherchiert: In anderen Metropolen liegt die Durchschnittsdichte bei fünftausend Bewohnern pro Quadratkilometer. In Argentiniens Hauptstadt ist überall und alles immer voll. Die Hochhäuser erdrückend, jeder dritte hat einen Hund, der sein Geschäft auf der Straße erledigt. Man kommt nicht raus, ohne eine Stunde zu fahren. Die Tour zurück wird schnell zum leidigen Problem, da an Wochenenden abends eben alle wieder in die Stadt müssen. Neulich standen wir zweieinhalb Stunden im Stau. Danach verkneift man es sich dann wieder ein paar Wochen, überhaupt rauszufahren – bis zum nächsten Mal, wenn die Sehnsucht nach einer verkehrslärmfreien offenen Sicht zum Himmel aufs Neue ihren Tribut fordert. Und weil sich das nicht ändern lässt, werden wir nach diesem Schuljahr, trotz der Abschiedspein, wieder deutsche klare Luft atmen. Ein weiterer gewichtiger Grund ist, dass Ron nach dreijährigem Hausmannsdasein zurück in seinen Job will. Im Gegenzug wird mir eine Pause von meinem sicherlich gut tun.

Günstige Umstände fügten, dass wir in diesem Schuljahr während der zehrenden zwanzig Schulwochen bis zu den Winterferien im August eine Pause zum Auftanken bekamen – sie wirkte Wunder der Regeneration! Fünf Tage waren ausnahmsweise, feiertagsbedingt, am Stück frei. Und was macht man? Man kauft sich ein Flugticket! Wir waren in Mendoza, der Hauptstadt des gleichnamigen Bundesstaates am Rande der Anden. Die Stadt ist ungefähr so groß wie München, reizend, aber nicht mondän. Ihre riesigen Spielplätze animierten zum Rennen, Schaukeln, Wippen und Klettern. So passierte es, dass unser Kind erschöpfter war als seine Eltern. Wir durften uns auf verfärbtem Laub in der Herbstluft aalen und Aurora zuschauen, stundenlang, und loslassen. Genau das, wofür in Buenos Aires kein Raum ist. Wie einfach, so zu entspannen!

In den Tagen unseres Aufenthalts liefen die Festivitäten der Zweihundertjahrfeier Argentiniens. Die Revolution von 1810 führte am 9. Juli zur Unabhängigkeit von der spanischen Kolonialmacht. Der Name der hundertvierzig Meter breiten *Avenida 9 de Julio*, im Herzen von Buenos Aires, mit jeweils sieben Fahrstreifen in beide Richtungen, erinnert daran. Das grundlegende Vermächtnis der damaligen geschichtlichen Ereignisse war die Staatsform der Republik. Und das zu einer Zeit, in der in Europa noch Monarchen herrschten. Die tragenden Ideen der Volkssouveränität sollten Freiheit und Gleichheit aller Bürger sein. Das Volk feierte mit Tanzgruppen und Umzügen, konnte aber für sein Bicentenario nicht den gleichen Überschwang aufbringen wie vor hundert Jahren. Zeitungen berichteten es später. Während beim Centenario Argentinien ein aufstrebendes Land war, wurde es im Folgejahrhundert nie mehr Herr seiner Krisen und Herausforderungen. Das Fehlen realistischer und nachhaltiger Perspektiven lässt die Menschen zwar feiern, aber ohne tragendes Vertrauen in die Zukunft. Deshalb tun sie es verhalten oder verrückt, je nach Persönlichkeit. So kritische Reporter im Resümee.

Zwei Bilder schenkte uns die Mendozareise, die man besser mit den Sinnen als mit der Kamera festhält. Das erste, das der Puente del Inka, der Inkabrücke, lag außerhalb der Stadt, dreißig Kilometer vor der chilenischen Grenze. Wie ein von seiner Höhle nach außen gestülpter Tropfstein hängt sie, knapp fünfzig Meter breit, in den Rio Mendoza. Schwefelhaltige Quellen lassen ihre warmen Wasser sprudeln, es färbt den Untergrund von Weiß über Gelb und Grün, orange Streifen dominieren. Mitten hineingepflanzt die Reste des ehemaligen Thermalbades, 1953 nach einem Erdrutsch geschlossen, heute unzugänglich und einsturzgefährdet. Ihre Findigkeit und die Kraft der Natur nutzend deponieren Souvenirhändler Fische und Schalen aus Gips und gebranntem Ton drei Monate lang im Schwefelwasser. Dann ist der Überzug fertig und dem der Inkabrücke gleich, nur dünner und jünger. Er fühlt sich an wie Bimsstein.

Das zweite Bild servierte uns der Pilot von Aerolineas Argentinas neben der Tragfläche des Flugzeugs, als er zur Landung auf den Stadtflughafen Jorge Newbery von Buenos Aires zuhielt. Es ist eine Sache, auf der Avenida 9 de Julio, der breitesten Straße der Welt, geziert vom 1936 erbauten Obelisken anlässlich der Stadtgründung vierhundert Jahre zuvor, mit dem Auto zu fahren, eine andere, vom Himmel in die Schneise zu starren, im sich in Fluggeschwindigkeit ändernden Winkel. Das eine steht dem anderen um nichts nach, nur ist Letzteres aufwendiger und rarer.

Seit unserer Ankunft beschäftigt mich, wer die Argentinier, die mit der wenigen Bodenhaftung, sind und wer sie sein möchten. Die Rede unseres engagierten Direktors für die Schüler anlässlich des Bicentenarios fasste die Historie kurz und endete hart. Er stellte die fast ausgerotteten Ureinwohner in den Raum. Dann die schwarzen Sklaven, die das gleiche Schicksal heimsuchte. Zuziehende Bolivianer und die zwei starken Einwanderungswellen aus Europa.

Wirtschaftliche und politische Gründe ließen die Menschen den Atlantik überqueren. Zwischen 1860 und 1890 ging eine knappe Million am Río de la Plata von Bord. Von 1905 bis 1915 waren es anderthalb Millionen weitere. Nach dem zweiten Weltkrieg zählte man rund fünfzigtausend deutsche Immigranten. Argentinien stand Heimatsuchenden stets offen gegenüber. Das schloss selbst Nazis nicht aus. Sie kamen über die vom US-Geheimdienst als „Rattenlinien" und als „Klosterrouten" bezeichneten Fluchtwege meist über Italien. Der Vatikan war behilflich. Und schließlich waren Kriegsverbrechen in Argentinien kein Thema.

Gobernar es poblar – Regieren heißt bevölkern, so der Leitsatz des Präsidenten Avellaneda (1874-80). Jedoch entvölkerte er dafür im Vorfeld mit seinen Campañas del Desierto, seinen Wüstenfeldzügen (1877/79), enorme Landstriche. Die afrikanischen Sklaven schickte er gegen die indigenen Völker in den Krieg und vernichtete dadurch nahezu beide Gruppen – um Platz zu schaffen. Für die handwerklich und landwirtschaftlich qualifizierten Europäer.

Mit den unterlegenen Ureinwohnern verwandt sein? Lieber nicht! Von einem Afrikaner oder Bolivianer abstammen? Auch nicht! Je nach

Neigung und Stammbaum bevorzugt man heute spanische oder italienische Wurzeln. Jede Vorfahrengruppe wollte sich abgrenzen und ihre Regeln den anderen aufdrücken. Es gab weder ein Miteinander noch eine gemeinsame Identität.

Avenida 9 de Julio mit Obelisk

Vor hundert Jahren gehörte Argentinien zu den sechs reichsten Ländern der Erde und jetzt ist es meilenweit davon entfernt. Unser Direktor sagte wörtlich, dass sich die Schüler bewusst sein sollen, dass nicht das Land nichts taugt, sondern seine Bewohner. Sie bekämen es nicht auf die Reihe, es anhaltend effizient zu bewirtschaften. Stattdessen wirtschaften sie es nach jedem Aufschwung neu herunter. Ein schwerer Brocken für Fünfzehnjährige. Erzeugt er Bewusstheit, Willen und Umsetzung, erfüllt sich sein Zweck. Bei hoffentlich vielen. Ich sehe täglich, schulstündlich, Jugendliche, die motiviert ihre Aufgaben erledigen, innerlich getrieben, sie gut zu machen, und immer besser! Es soll der zukünftigen Generation gelingen, es ist ihr und diesem wundervollen Land nur zu wünschen!

Frage ich meine Kollegen, wie sie ihre Identität sehen, können manche kaum antworten. Stammeln, das sei schwer, erzählen von ihren europäischen Großeltern, einige davon, dass sie selbst in Europa waren, aber dort auch nicht heimisch wurden. Kommt man aus Buenos Aires, hat man sogar mit der Provinz, dem eigenen Landesinneren kaum zu tun. Akzeptable und gewünschte Wurzeln reichen drei kurze Generationen in die Vergangenheit. Zu wenige, um sich sturmsicher verwurzelt zu fühlen. Tiefe Verbundenheit mit der Erde, wie in Europa, wie auch in Mexiko, entdeckt man hier nicht.

Zum Schluss ein Foto der Blitze, das dritte Bild in dieser Mail, vom spektakulären Gewitter, das wir vom Wohnzimmerfenster aus miterlebten. Es soll für sich sprechen. Mit solchen Ereignissen kann kein Kinofilm mithalten und einmal mehr lief das, was sich direkt vor unserem Hochhaus ereignete, jeder Konkurrenz den Rang ab. Es endete dummerweise mit Hagel, auch auf unser Auto.

Seid fest umarmt, lasst von euch hören!

Altstadt von Salvador de Bahia/Brasilien

Reisen in unserer Jugend und jetzt
Eine Mail, August 2010

Ihr Lieben,

es hat uns in den Winterferien in die Wärme gezogen, nach Brasilien. Als wir zurück auf dem Flughafenparkplatz in Ezeiza unser Auto holten, mussten wir – vorher nie dagewesen! – Frost von den Scheiben kratzen. Denkt also nicht, in Südamerika sei es automatisch immer heiß.

Wir kamen aus Salvador da Bahia. Ich hatte gewiss noch nie so viele trainierte dunkelhäutige Menschen gesehen wie dort. Sie muteten teilweise wie Statuen an, komplett ohne Wohlstandsbäuchlein und Schwimmreifen um die Hüften. Ihnen wiederum gefiel Aurora. Laufend baten Brasilianer, und wir bejahten, ob sie fotografiert werden dürfe. Drei Tage in Salvador, die Altstadt zählt zum UNESCO-Weltkulturerbe, bunt, vor allem das, jede Fassade schmückt eine andere Farbe. Darum herum befindet sich, unspektakulär, wie um manch anderes historisches Zentrum, der Betonklotzring.

Wir wanderten am ersten Tag fast zwei Stunden lang, bis wir ins Zentrum kamen. Tut man das nicht und fährt stattdessen Bus, sieht man vielleicht nur die bunten Häuschen der Altstadt, aber nicht, was sie umgibt. Doch trotz der typischen Belastungen einer Großstadt haben die Hochhausbewohner von Salvador den Luxus, sich am kilometerlangen Stadtstrand erholen zu können.

Dann setzten wir per Schnellboot auf die Insel Tinharé über, hundertfünfzig Kilometer südlich von Salvador. Die Seekrankheit vergällt manchem eine solche Fahrt. Mir auch. An die Rücklehnen der Sitzplätze waren Plastiktüten gebunden. Das sprach schon im Voraus Bände, der Zweck der Beutel war allzu eindeutig. Nach einer kurzen Viertelstunde schon auf schaukelnder hoher See begann die Schiffsbesatzung, gefüllte, und an ihren Öffnungen fest verknotete Tüten einzusammeln und in extra aufgestellte Tonnen zu werfen. Bis wir ankamen, benötigte ich sieben. Das lag über dem Durchschnitt, den Reaktionen der anderen zu Folge. Auroras Kommentar fand ich trotz des nicht aufzuhaltenden Würgens köstlich: „Ich find´s eklig, aber ich kann gar nicht wegschauen!"

Nach fast zweistündigen Magenentleerungen begann ich zu zittern und mit den Zähnen zu klappern, konnte aber den bekümmerten Bootsleuten glaubhaft vermitteln, dass es mir, von der Übelkeit abgesehen, gut ging, nichts weiter sei und ich keine zusätzliche Hilfe brauchte. Was hätte die Überfahrt an Panoramen geboten, auf Salvador, Küsten, Seetreiben! Aber ich guckte nach vorn gebeugt in Spucktüten. Gemeinsam mit zwei Dutzend anderer. Ich wünsche bei Leibe keinem etwas Schlechtes, doch nicht die einzige Betroffene zu sein, kann auch trösten.

Mitleidige informierten uns, dass man bei der Rückreise den Seeweg verkürzen könne, indem man sich in wenigen Minuten auf eine Nachbarinsel bringen lässt, diese im Sammeltaxi durchquert und dann nur noch dreißig Minuten auf einem relativ großen Busboot vor sich hat. Her mit den Daten! Ich konnte nicht mehr. Langsam gesprochenes brasilianisches Portugiesisch ist fabelhafterweise dem argentinischen Spanisch nah genug, dass man es schon mit wenigen neu gelernten Vokabeln und Grammatikregeln einigermaßen versteht und damit das Nötigste erfragen kann. Bei jeder noch so kleinen Konversation ein paar Wörter aufzuschnappen, und sei mir auch schlecht dabei, um sie dann selbst anzuwenden, beschwingt!

Das Eiland Tinharé, unser Ziel, war in den Achtziger Jahren ein Aussteigertipp. Ein paar Ex-Hippies blieben. So auch unser Vermieterehepaar, das fünf Bungalows und zwei Apartments besaß. Es hatte sich ganz langsam innerhalb der letzten dreißig Jahre diese Existenz aufgebaut. Ihr Minihotel fungierte als Magnet für Gleichgesinnte. Sie fanden sich dort, sich in ähnlichen Spuren bewegend, die gleiche Suchmaske anwendend. Wir logierten zuvor nie in einer Bleibe, wo wir mit allen ins Gespräch kamen und jeder von seinem nicht alltäglichen Lebensweg erzählte. Ein deutsch-koreanisches Ehepaar, in beiden Ländern residierend, ein Kollege von einer Deutschen Schule in Rio de Janeiro, seine Frau in den Favelas aktiv, sie inspirierten. Wir stachelten uns alle gegenseitig zu neuen Plänen und Taten an.

Weil unsere Unterkunft prädestiniert zum Verweilen war, sind wir diesmal nicht weitergezogen. Pinselohräffchen huschten durchs Gebälk über der Frühstücksterrasse, bedienten sich vorsichtig am Zucker auf den Tischen und ließen sich sogar mit Obststückchen füttern (so kindgerecht!). Täglich spazierten wir im Dörfchen herum und an den Bilderbuchsträndenentlang. Als alle Urlaubsstunden verstrichen waren, hatten wir nicht das geringste Bedürfnis, diese Idylle zu verlassen. Autos und Autoähnliches sind auf der Insel inexistent. Kein Auspufflärm – Balsam für Großstädterohren! – kaum Teer, fast nur Sandwege. Wie mag es sein, wenn man auf diesem Fleckchen geboren wurde und aufwuchs, und dann zum ersten Mal den Kontrast zur Stadt erfährt? Das Handwerkszeug, das benötigt wird, um Taschendieben und rohem Vordrängen samt anderem ungehobelten Verhalten beizukommen, kann hier nicht mitgegeben werden. Der Kulturschock lauert wenige Kilometer über dem Meer, in Salvador, glitzernd anziehend, gleichzeitig abstoßend. Möglicherweise treibt er manchen immer zurück in eine so verträumte Heimat.

Trotzdem verändern sich auch Orte wie Tinharé. Sehr innerhalb der letzten fünfzehn Jahre und in einer speziellen Hinsicht auch für ihre Besucher. Bei früheren Rucksackreisen waren Aufenthalte in Städten das Teure, Naturparadiese schwerer zugänglich, man brauchte Zeit um dorthin zu kommen. Viel Zeit, die nur jene hatten, die sie sich nahmen, und diese besaßen eher wenig Bares. Damals kostete das Leben dort fast nichts. Man trat in seinen einfachen Treckingklamotten nicht wohlhabender auf als die Einheimischen und wurde folglich von ihnen vielerorts als relativ gleichgestellt betrachtet.

Dieser Sachverhalt hat sich gedreht. In Städten findet man heute immer eine billige, gammelige Bleibe, aber alles andere ist auch leicht erreichbar geworden. Und teuer. Überallhin gibt es jetzt Boote oder Flüge. Die Wege sind offen. Und nicht mehr nur jene, die wahres Interesse mitbringen, benutzen sie. Geld zu haben genügt mittlerweile auch. Vielleicht sind wegen der Verstädterung Naturorte jetzt attraktiver, dort wird das Abenteuer vermutet, die Preise steigen und steigen. Sie selektieren immer stärker die Gäste.

Herumfragen ergab, dass auf Tinharé keine Unterkunft für weniger als vierzig Euro zu finden ist. Früher undenkbar! Das kann nur bedeuten, dass den Rucksacktouristen von heute, den Studenten, der Zugang versagt bleibt. Städte ja, doch die hinteren Winkel nicht mehr. Verwehrt diese Art von intensiven Erfahrungen, wie in Bretterverschlägen für ein paar Cent zu übernachten, von den kopulierenden Vermietern nebenan nur durch eine Bambuswand getrennt. Zum Frühstück Hühnerfüße serviert zu bekommen, die abends zuvor im Auslauf frisch geschlachtetem

Federvieh abgehackt wurden. Selber Früchte mit lebenden Würmern von den Bäumen zu pflücken und sie mitsamt dem Getier darin zu essen. Derlei ist prägend und meinungsbildend in dieser Lebensphase. Ron und ich sind dankbar, diese frühere Version noch zu kennen, in der große Teile der Welt unberührter von der Egalität waren, die sie heute überzieht.

Pinselohräffchen frühstücken mit auf Tinharé

Was sich dagegen weniger geändert hat, ist der Lebensstandard der Einheimischen. Biegt man nur von den Hauptstraßen auf Tinharé ab, pferchen sich sechsköpfige Familien in einen Raum. Klar, dass für sie die heutigen Touristen unendlich reich sind im Vergleich zu früheren Besuchern in zerschlissenen Hosen. Und weil sie uns fast nur noch so sehen können, für sie unerschwingliche Preise bezahlend, ist es nicht einfacher geworden, einen reellen Zugang zueinander zu finden. Man schämt sich wegen dieser stark vergrößerten Diskrepanz fast, abends feudal im Restaurant zu essen, denn es kehrt doch die Unterschiede nur noch mehr heraus.

Imbissbuden sind rar. Eine suchten wir oft auf. Dass die Burger und Pommes nach älterem Fett schmeckten, nahmen wir in Kauf. Es ging uns ja um die Nähe zu den Insulanern. Und unfreiwillig bekam ich Einblicke bis dorthin, wie Arbeiter wohnen. Rumoren in den Gedärmen kündigte mir an, dass die Essensqualität der Bude keiner fünf Sterne würdig war. Ich sah mich gezwungen, nach einer Toilette zu fragen. Der nette Inhaber führte mich in den Hinterhof, vorbei an zahlreichen Türen und Türchen. Hinter denen, die offen standen, konnte ich im Halbdunkel Schemen von dreigeschossigen Stockbetten erkennen, die Wohnungen der Angestellten und Geringverdiener, alles auf einem Bett.

Wir erreichten das einzige Badezimmer am Ende des Hofes. Puh! Es war sehr sauber. Wer das wohl putzte? Bei so vielen Bewohnern dieses Hauses, ich schätzte sie auf zwanzig bis dreißig, musste es fast dauerbelegt sein.

Meine Erleichterung wich gleich einem neuen Problem: kein Toilettenpapier. Ich sah mich um. Was tun? Es gab eine Dusche! Und Seife. In meiner Not machte ich von beidem Gebrauch. Ab der Hüfte abwärts nass unter meinem leichten Sommerkleid gesellte ich mich zurück zu meiner Familie. Beim schwindenden Tageslicht fielen keinem die Wassertropfen auf, die mir von den Beinen rannen. Als ich die Prozedur eine halbe Stunde später wiederholen musste, blickte ich ihr gelassen entgegen. Alles, was ich brauchte, war ja in diesem angenehm geputzten Bad vorhanden.

Noch vor den Winterferien fand ein allen vier Jahre wiederkehrendes Ereignis statt: die Fußballweltmeisterschaft, dieses Mal in Südafrika. Wie sie Buenos Aires erlebte, prägte sich durchaus ein. Dass Fußball einen solchen Stellenwert haben kann, begreift ein Nicht-Fan wie ich nur um einige Ecken. Eher befremdet als angetan hörte ich Radiodurchsagen im Vorfeld der WM. Sie waren fast ein bisschen zu anstachelnd und in etwa in diesem Wortlaut gehalten: „Wir haben jetzt die Chance, es der Welt zu zeigen, denn mit unseren Fähigkeiten verdienen wir als einzige Nation wirklich den Sieg!" Für meinen Geschmack war das zu viel Hochhalten des Selbstbildes.

Am Tag des deutschen Sieges gegen Argentinien (schon wieder!) trauten wir uns nicht raus aus unserem Viertel und trugen vorsichtshalber eine Argentinienflagge mit, um unsere Identität zu verhüllen. In der Schule empfing mich bei einer Sekretärin ein Plakat des in der Kickerwelt allseits bekannten Diego Maradona mit der Aufschrift *Dios existe* – Gott existiert. Tatsächlich wird er von seinen Anhängern vergöttert, hatte doch bei ihm Gottes Hand in der Fußball-WM 1986 in Mexiko ein bisschen nachgeholfen, wie er selbst im Sieg im Viertelfinale gegen England erklärte. Sein Handspiel war vom Schiedsrichter als Kopfball gesehen worden. Kurz nach dem verlorenen Krieg um die Falklandinseln bedeutete Maradonas Triumph umso mehr. Argentinien zog ins Endspiel, schlug Deutschland und wurde zum zweiten Mal Weltmeister. Weder Maradonas ausschweifendes Leben noch sein Drogenkonsum hatten ihn von seinem Thron in den Wolken gestürzt.

Als Deutschland heuer seine Niederlage einstecken musste, fragten meine Kollegen, ob ich geweint hätte. Na ja – ich konnte ihnen nicht glaubhaft genug versichern, dass das für mich kein Grund dafür war. Sie zweifelten! Außerdem hatte Spanien zuvor noch nie gewonnen und schon deshalb gönnte ich dem Team seinen Erfolg. Aus den Reaktionen war erschließbar, dass es manche meiner Kollegen fast heroisch anmutete, mit welcher unerklärlichen Gelassenheit ich Deutschlands Ausscheiden hinnahm.

Übrigens konnte ich es nicht lassen, meine privaten Feldforschungen zur gefühlten argentinischen Identität weiter zu betreiben. In der letzten Mail hatte ich geschrieben, dass sich die Mehrheit von Ureinwohner- und Einwanderergruppen distanziert und so selbst nicht recht weiß, wer sie ist, beziehungsweise sein will. Befragt man die Jüngeren – ich tat es bei meinen Elft- und Zwölftklässlern – bekommt man durchweg die Antwort, dass sie, von heute, die richtigen Argentinier seien. Die Ureinwohner seien gar nichts, keine Argentinier, auch sonst nichts.

Die Perspektive zu wechseln kann bei so rigorosen Äußerungen vielleicht helfen. Ist die Identitätsfrage wacklig, beharrt man möglicherweise leicht auf irgendetwas, um selbst Boden unter die Füße zu bekommen.

Zum Schluss möchte ich mich herzlichst für die Antworten auf meine letzte Rundmail bedanken. Das Mitdenken und Mitfühlen tut gut, hilft und eröffnet – muchísimas gracias!

Und wieder Grüße, tonnenweise, die Zeit rennt, wir haben das Gefühl, nur noch ganz kurz hier sein zu dürfen.

Ein persönlicher Blick auf drei Länder und drei Jobs

Markante Eigenheiten von Landstrichen und Ländern verlieren ihre Prägnanz, je länger man sich in ihnen aufhält. Der puren Gewohnheit halber entkommt man nicht dem Gefühl der Normalität. Hat man dagegen die Gelegenheit, sich innerhalb von kürzeren Zeitabständen in verschiedenen Ländern aufzuhalten, gewinnt manches in der Wahrnehmung erneut Gewicht und schenkt so die Möglichkeit, es neu zu reflektieren.

Buenos Aires selbst verfügt über keine nahen Strände. Die nächsten befinden sich einige hundert Kilometer südlich. Für diejenigen, die keinen Wind mögen, sind sie um einiges weniger attraktiv als die des nördlichen Nachbarlandes Brasilien. Dorthin zieht es die Porteños, die Hauptstädter, scharenweise. Mit ihnen zogen wir, Zugvögeln gleich, auch in manchen Ferien nach Norden.

Bemerkenswerterweise verehren viele Argentinier die Brasilianer, ihrer Natürlichkeit und ihrer Heiterkeit wegen. Die Brasilianer dagegen halten im Gegenzug kaum etwas von den Argentiniern aufgrund ihrer ihnen teils nachgesagten, teils tatsächlichen Arroganz und ihrer Künstlichkeit. Laut Meinung mancher meiner Kollegen und Freunde hätten die Brasilianer damit schon Recht, andere beharrten, dass doch nichts dabei sei, wenn man Respekt fordere und das auch demonstriere.

Und was dachten wir selbst? Nach dem Ablauf von fast drei Jahren konnten wir uns in jedem Fall der landläufigen Meinung anschließen, dass die Porteños kaum etwas mit den *anderen* Argentiniern zu tun hatten. Sie sprachen von ihnen als *gente del interior* – Leuten aus dem (Landes)inneren, fast als wäre das ein fremdes Land. Wir fühlten uns diesen, den Natürlicheren, oft eher näher als vielen Porteños, wollten das lange nicht wahrhaben und dachten, es läge an noch zu wenigen Kontakten und gemeinsam verbrachter Freizeit. Letztendlich mussten wir uns aber doch eingestehen, dass manches zu cool und aufgesetzt wirkt. Extreme Auswüchse, wie beispielsweise der an Magersucht erinnernde Schlankheitswahn, der von unzähligen Frauen – ich unterstelle – bloß durch großen Nikotinkonsum durchgehalten wird, ermöglichte das gegenseitige Teilen der Werte eher nur begrenzt. Gleichzeitig badeten wir regelrecht in allem Positiven, vor allem in immerwährender Hilfsbereitschaft und dem warmen Umgang mit den Kindern, leiblichen wie fremden. Beides ließ den Alltag immer etwas sonniger werden, als er manchmal war.

Ein Blick auf ein weiteres Land darf nicht fehlen, nämlich unser eigenes, dem wir inzwischen auch einen kurzen Besuch abstatteten. Dieser war, neben dem herbeigewünschten Wiedersehen mit unseren Lieben, des ganzen Papierkrams wegen fast unumgänglich. Sämtliche Steuerunterlagen von über zwei Jahren über die Kontinente per Post zu versenden, wäre auserkoren dafür gewesen, zumindest teilweise schief zu gehen. Außerdem tat es gut und war zugleich wichtig, sich wieder unter Angehörigen und Freunden aufzuhalten, die einen länger als knappe zwei Jahre kennen.

Doch manches ist eben auch im Heimatland nicht so ästhetisch, angenehm, leicht hinnehmbar, wie man sich es aussuchen würde. So merken sämtliche Lateinamerikaner immer wieder an, die Europäer röchen übel. Auch wir konnten diesen Gedanken bei der Ankunft am Frankfurter Flughafen nicht unterdrücken. Mehr als einmal biss uns Schweiß in die Nasen. Körpergerüche aushalten zu müssen, hat man sich in den Ländern Lateinamerikas schnell abgewöhnt – weil sie einem dort schlichtweg nicht begegnen. Sie sind ein Ding der Unmöglichkeit. Alle meine Schüler, jeder Einzelne (das ist keine Übertreibung!), hatten ein Deodorant in ihrer Schultasche. Während unserer ganzen Zeit auf dem Kontinent rochen maximal fünf Personen für andere wahrnehmbar schlecht. Obdachlose, deren Zugang zu Waschgelegenheiten beschränkt ist. Man möge mir die Direktheit der letzten Zeilen verzeihen, sind sie doch weder Erfindung noch Lüge. Und wie soll man einsehen, dass in einem Land, in dem Wasser, Seife und Deo im Überfluss erhältlich sind, mancher Mitmensch die drei zu selten benützt?

Ebenso unbegreiflich, da jeder durchschnittliche Verstand das Problem erkennt, ist es, als Mama mit kleinem Kind und Taschen nach dem Verlassen des Flugzeuges im Bus keinen Sitzplatz angeboten zu bekommen. *Bienvenido!* – Willkommen in Deutschland! Am Rio de la Plata sitzt jeder Elternteil, egal ob weiblich oder männlich, in U-Bahn, Zug oder Boot, praktisch augenblicklich nach dem Einsteigen. Umso stärker nun der Kontrast. Mit Kind ist man dort immer gern gesehen, zu jeden Tages- und Nachtzeit, in Restaurants, an allen öffentlichen Orten, bei Partys. Nicht nur das! Der Nächste hilft tatkräftig, bespielt ein schreiendes Kind, unterhält es, öffnet Türen und trägt Einkaufstüten.

Deutschland zeigt hier leider oft ein gegenteiliges Gesicht. Argwöhnisches Beäugen, missbilligend hochgezogene Augenbrauen, wenn ein Kleines im Restaurant einen Freudenschrei über seine Spaghetti ausstößt. Hier tauschen, ja! Sofort! Im Bezug auf die Sicherheitslage und die Bildungsmöglichkeiten, nein! Von allem das Beste? Natürlich! Als Kleinkind im herzlichen Argentinien in den Kindergarten und später die Qualität der Schule in Deutschland. Jetzt sehen wir das so, im Voraus wussten wir es nicht. Guten Gewissens ist es zu empfehlen, jedem, der darüber nachdenkt, ob er diesen Schritt mit Nachwuchs tun will.

Die Grundstimmung der Menschen in den drei Ländern kann nur subjektiv beschrieben werden, noch subjektiver als anderes. Jeder empfindet auf seine Weise, ist in seinem ureigenen Maschenmuster gestrickt, gerät in unterschiedliche Strudel, je nach Ort, Alter, Vorlieben. Trotzdem ein Versuch. Die Argentinier: resigniert-gelassen. Dinge sind, wie sie sind, und das bedeutet, dass die Wirtschaft im Land eben relativ regelmäßig zusammenbricht. Da könne man nichts machen, das sei halt so. Wer kann, deckt sich dann mit Immobilien ein. Wer nicht kann, landet im Ernstfall schnell in einer Villa Miseria. Hoffnung, diesem Auf und Ab zu entrinnen, scheint keiner zu haben.

Anders in Brasilien. Trotz aktueller wirtschaftlicher Krisenanzeichen steigen Gehälter und Renten der Mittelschicht, die medizinische Versorgung wird ständig besser, die Menschen sind voller Tatendrang und wohltuend positiven Gedanken – zumindest die, die wir in der kurzen Zeit trafen, und jene, über die diese erzählten. Genaueres und längeres Hinsehen auf die extreme Gewalt in den Favelas würde die Eindrücke sicher relativieren und noch anders beleuchten. In Deutschland nahmen wir den stetigen Druck auf den Einzelnen wahr. So einzeln wie alleine sieht er sich. Immer gejagt, noch mehr leisten zu müssen, was in persönlichem Frust und deprimierenden Stimmungslagen mündet.

Ausführungen. Fragmente. Vielleicht enthalten sie beachtenswerte Aspekte, wie man das Leben empfinden und was einem darin zustoßen kann. Fakt ist tatsächlich, dass auf weniger materiellen Gewinn und dagegen auf größere persönliche Freiheit orientierte Lebensentwürfe zielsicherer zu größerem Glücksgefühl führen, vor allem wenn sie bewusst gewählt werden. Nicht selten treffen wir Menschen, deren Fröhlichkeit im Vergleich zu ihrem Einkommen gigantisch ist. Dabei darf man nicht unter den Tisch fallen lassen, dass es in Argentinien um ein Vielfaches einfacher ist, mit mickrig wenig Geld zu leben und trotzdem Zugang zu elementaren Vergnügungen zu haben als in Deutschland. Das Klima entbindet vom aufwändigen und teuren Bauen der Häuser, die staatlich subventionierten Strom- und Gaspreise vom Übrigen.

Scherenschleifer bei der Arbeit

Wenn am Samstagmorgen die zarten und gleichzeitig durchdringenden Töne der Panflöte des Scherenschleifers sich bis zu unseren Fenstern hochschlängeln, sausen auch wir runter auf den Gehweg. Nicht nur wegen seines Handwerks sind wir seine Kunden. Allein die Vorrichtung zum Schleifen von Messern und Scheren aller Art ist eine Sehenswürdigkeit. Er hat sie selbst konstruiert. Wenn er in die Pedale seines hochgestellten Fahrrades tritt, drehen sich die Schleifsteine. Er wohnt weit außerhalb der Innenstadt und besucht täglich ein anderes Viertel, in dem er seine Dienste anbietet. Er erradelt es, pausiert in Cafés mit *media lunas*, Halbmonden, mit Croissants verwandtem Gebäck, liest dort die Zeitung, unterhält sich, hat nach eigenen Angaben genug Geld um gut zu leben. Eine Nische, sein Winkel, in Mitteleuropa nicht mehr denkbar und längst der Vergangenheit angehörend, als fahrender Schleifer zu überleben. Sein Dasein sieht er frei von Zeitdruck und Stress, Komponenten, die auf Karriereleitern ihren Tribut an psychischer und physischer Gesundheit fordern.

Hundeausführer beim Abholen eines Tieres

Ein Buenos Aires-spezifischer Job ist der des Hundeausführers. Meist als Nebenerwerb von Studenten und Geringverdienern, bis hin zum Hauptberufler, begegnet man ihm in wohlhabenderen Vierteln. Die Bewohner wollen nicht auf vierbeinige Gesellschafter verzichten, obwohl ihnen Zeit und Lust zum Gassigehen fehlen. Wie andere einen Sitter fürs Baby anheuern, tun sie das für den Hund. Die Hundesitter schnallen sich stabile Gürtel mit etlichen Karabinerhaken um die Hüften. So machen sie ihre Runde und sammeln Hund für Hund an den Haustüren ein, bis, je nach Hundegröße und Zugkraft, um die fünfzehn Tiere an ihren Gürteln angeleint sind. Welche Hundefreude (freilich wieder vom vierten Stock aus mitverfolgt, Mate trinkend), wenn das Rudel täglich an der Villa gegenüber auftaucht und den Braunschwarzen von dort abholt. Die Meute hüpft ihm schwanzwedelnd entgegen. Sogar eine feste Herdenordnung gibt es. Jedes Tier nimmt seinen Laufplatz ein, egal ob an der Spitze, am Ende oder in der Mitte des Pulks. In ausgewiesenen Parks finden sich umzäunte Hundespielplätze, in denen gerannt, gewälzt und gejault werden darf.

Der dritte mir ungeläufige Job ist der des Partyclowns in einer *sala de fiestas*, einem Saal für Feiern. Die Wohnungen sind selten großflächig, es bietet sich an, Kindergeburtstage anderswo auszurichten. Die Animation bucht man mit. Eingeladen wird immer die ganze Kindergartengruppe samt ihren Eltern. Denn im Saal hat man ja Platz für alle. Snacks und Getränke werden gereicht, der Lärm ist ohrenbetäubend, er muss den Straßenlärm von draußen übertönen, die Drei- und Vierjährigen machen sich über Chips und Coca Cola her. Nach keinem dieser Geburtstage konnte Aurora vor Mitternacht einschlafen. Ihr zunehmendes Alter half, es machte sie verständig genug, dass sie sich an unsere Anweisungen hielt und nur noch Fanta und keine Koffeinlimo mehr trank.

Wenn man einen (Not-)Arzt braucht

Das argentinische Gesundheitssystem besitzt in Südamerika einen guten Ruf. Da ein Gesetz besagt, dass kein Hilfesuchender an der Tür eines Krankenhauses abgewiesen werden darf, finden sich zahlreiche mittellose Patienten aus dem benachbarten, wesentlich ärmeren, Bolivien ein – und gehen nicht selten nach der Behandlung nicht mehr ins Herkunftsland zurück.

Doch in Wahrheit handelt es sich trotz der Fürsorge um ein Zweiklassensystem und das Niveau der staatlichen Gesundheitsversorgung variiert mit dem Anstieg und dem Fall der Wirtschaft und den dabei disponiblen Geldern. Fast die Hälfte der Bevölkerung weicht in die *obras sociales* aus, eine Art Mischversicherungen zwischen betrieblichen und staatlichen Leistungen. Vor allem Arbeitnehmer und Kleinselbständige nutzen sie. Sieben Prozent sind Mitglied einer privaten Krankenversicherung. Ihnen steht damit derselbe Zugang zu allen ortsüblichen medizinischen Leistungen offen wie uns Ausländern. Wir sind über unser Heimatland auslandskrankenversichert, zahlen bar und reichen die Rechnungen später bei der Versicherung ein. Ärzte Privatversicherter machen auch Hausbesuche, insbesondere bei Kindern. Trotzdem winden sich alle Vorgänge um etliche Ecken und man fragt sich, wie man sie durchstehen soll, wenn man richtig krank und elend ist.

Mein Problem saß im Unterleib. Von den großen Krankenhäusern in der Stadtmitte wusste ich, doch warum sollte es nicht auch im Viertel einen ganz normalen Arzt geben. Von Kolleginnen erhielt ich einige Adressen und rief bei einer Ärztin an. Am folgenden Tag, nach langer Wartezeit in ihrer Praxis, standen dort außer einer manuellen Untersuchung keine weiteren Möglichkeiten zur Verfügung. Ich sollte mir einen Termin zum Ultraschall vormerken lassen, hieß es. Das wäre an der Rezeption zu machen. Europäisch denkend nahm ich an, dass das zwar eine weitere formelle Sache wäre, aber schon seinen Gang nehmen würde.

„Der nächste mögliche Termin ist in zehn Tagen", so die Empfangsdame.

„Was? Ich habe Schmerzen und soll zehn Tage auf eine weitere Untersuchung warten? Bis dahin kann alles Mögliche mit mir passieren!" Mir ging auf, dass es so ja kein Wunder ist, dass in Argentinien mehr

Menschen an der Schweinegrippe starben, die in diesen Wochen grassierte, als anderswo.

„Sie müssen warten, wie jede andere, mehr können wir nicht tun." Damit war die Angelegenheit für die Rezeptionistin erledigt. Mehr Kompetenzen hatte sie nicht. Und ich war ratlos. Wie mir Hilfe verschaffen?

Da jedes Land und jede Kultur anders funktioniert, versteht man erst mit der Zeit, auf welche Art man die Fragen stellen muss, um Antworten zu erhalten, die einen weiterbringen. Leicht und immer wieder geschieht es, dass Fragender und Antwortender die Intentionen des Gegenübers nicht erfassen, weil jeder vor dem Hintergrund seiner Mentalität agiert. So war meine Suchfrage nach einem Arzt in der Umgebung bei meinen Kolleginnen eindeutig die falsche gewesen. Wieder einmal! Richtig wäre sie so gegangen: „Ich habe ein *akutes* Problem. Wohin gehe ich?" Dann hätte ich umweglos erfahren, dass in Standardpraxen nicht mehr getan wird, als die Körper abzutasten und weitere Termine zu machen. Für alles weitere gab es die Notaufnahmen der Krankenhäuser. Für jede Art von Mandelentzündungen, Verdauungsproblemen und Husten waren sie zuständig. Und als ich das endlich wusste, fuhr ich ins Zentrum zum *Hospital Alemán*. Es wurde einst von deutschen Ärzten gegründet, ist heutzutage aber durch und durch argentinisch.

Wieder war es alles andere als zügig, wie sich die Dinge entwickelten. Jeder Patient musste sich an der Anmeldung registrieren lassen, sein Leiden angeben und eine Gebühr von umgerechnet zwanzig Euro entrichten. Dann warten. Und hoffen! Mit Bauchweh. Dass die einem zugeteilte Nummer schnell genannt würde.

Ein Trinkwasserautomat in der Ecke. Mehrere kabinenartige Zellen umgaben den Saal. Jede mit einem Computer und einer Liege ausgestattet und einem Arzt. Ihm schilderte der Patient seine Symptome und er entschied, welche Untersuchungen zur Abklärung gemacht wurden. Ich erhielt zwei Laufzettel. Einen fürs Labor und einen für den Ultraschall. Zuerst sollte ich zum Labor, riet mir der Doktor, weil man zwei Stunden auf seine Ergebnisse wartete und ich diese dann selbst abholen müsse. Innerhalb dieser Zeit bot es sich an, zum Ultraschall zu gehen. Ich war meiner Kollegin ja so dankbar, dass sie mich auf dieser Odyssee begleitete, denn gut ging es mir nicht.

Alles im Kopf zu behalten, was wann und wo abgehandelt werden musste, in dem riesigen Gebäude mit mehreren Treppenhäusern, fiel mir gerade nicht leicht. Wir fragten uns zum Labor durch und standen dort erneut am hinteren Ende einer Menschenschlange. Jeder in ihr musste Blut und diverse weitere Körperflüssigkeiten abliefern. Zuerst aber bezahlen, an einer neuen Rezeption. Dann wieder warten. Nach der Blutentnahme wurden die ungefähre Uhrzeit und der Ort mitgeteilt, wann und wo die Ergebnisse abzuholen waren.

Nächste Station: Ultraschall. In einem anderen Gebäudeteil, den wir mit zunehmender Übung bald ausfindig machten. Eine weitere Rezeption, eine weitere Rechnung in bar zu bezahlen und noch einmal warten. Dann ein Aufatmen, die medizinische Ausstattung wirkte vertrauenerweckend. Das machte es leichter, all die Durchgänge über sich ergehen zu lassen, denn es machte Hoffnung. Ich fragte mich, wie viel in der staatlichen Grundversorgung enthalten gewesen wäre und wie weit die Untersuchungen bei den *obras sociales* gehen würden. Es käme wohl auf Tag, Zeit, Ort und aktuelle Umstände an. Ein Lotteriespiel also, mit dem eigenen Körper, dessen Ausgang von einer Portion Glück abhängt.

Seit meiner Ankunft im Krankenhaus waren mehrere Stunden vergangen, alle Laufzettel hatten wir hinter uns gebracht, die Laborwerte lagen noch nicht vor. Es blieb kaum etwas anderes zu tun, als in einem der nahen Restaurants zu Mittag zu essen. Den Ultraschallbefund hatte man mir immerhin sofort mitgegeben. Den Laborbericht holten wir danach.

Mit beidem in den Händen ging es zurück zur Anmeldung in der Notaufnahme. Dort wurde ich neu erfasst und saß wieder ausharrend auf den aufgereihten Stühlen. Noch einmal rief man mich in eines der Kabinchen. Ein weiterer Arzt suchte meine Daten im PC, besah sich die Werte und schloss daraus, dass seine Kompetenz nicht ausreiche und ich jetzt zu einem Gynäkologen müsse. Dieser sei im Nachbarkrankenhaus zu finden. Ich dachte, wahnsinnig zu werden! Wie auch nicht, ich wollte ins Bett, konnte nicht mehr! Aber es gab keine Wahl.

Wir fanden sie, die neue Rezeption im anderen Krankenhaus. Ich ließ mich registrieren, ich bezahlte meine inzwischen vierte Rechnung und stand mir die Beine in den Bauch. Sämtliche Sitzgelegenheiten waren belegt. Ziemlich am Ende der Kräfte erhielt ich am späten Nachmittag meine Diagnose und dachte sehnsüchtigst an Praxen in Deutschland, in denen alles in einem einzigen Durchgang möglich gewesen wäre und ich nur von einer einzigen Person untersucht worden wäre. In diesen Krankenhäusern hier stützte sich ein Doktor auf den Papierbericht des vorhergehenden. Man hatte keine Chance, sich einen Arzt selbst zu wählen, der seine Patienten bei weiteren Komplikationen dann wiedererkannte. Trotzdem wurde mir zumindest medizinisch zu meiner Zufriedenheit geholfen. Ich hoffte dennoch inständig, dass meine kleine Tochter nicht in eine Situation geriete, in der sie all diese Instanzen zu durchlaufen hätte.

Sie geriet. Doch die Instanzen fielen weg. Wir befanden uns, im Nachhinein betrachtet, am günstigsten Ort für einen Notarztbedarf, den man sich in Argentinien dafür nur aussuchen kann.

Der Winter ging zu Ende. Die Bäume schlugen aus, es fehlte ihnen nur noch an Wärme zum Blühen. An einem langen Wochenende flogen wir vom Stadtflughafen aus, hauptsächlich für Inlandsflüge genutzt, in den Norden. Die Wasserfälle von Iguazú nur einmal gesehen und drei Jahre lang in ihrer relativen Nähe gewohnt zu haben, wäre unverzeihlich gewesen.

Wir hatten unser Auto auf dem Flughafenparkplatz abgestellt, eingecheckt und erwarteten den Aufruf des Fluges nach Puerto Iguazú. Durch die Scheibe sah man Flugzeuge, die mit Gepäck und Essenstrollies beladen wurden. Am Boden davor verlief ein Rohr mit einem Durchmesser von zwanzig Zentimetern. Es geht nicht anders, ein Kind, das Maschinen und Menschen draußen beobachtet und auf dessen Schienbeinhöhe sich das verflixte Rohr befindet, stellt sich darauf. Aurora rutschte von ihm und fiel so unglücklich auf die Kante des Fensterrahmens, dass die Haut an ihrem Hinterkopf platzte. Zuerst wussten wir gar nicht, woher plötzlich das viele Blut kam. Aurora weinte, Leute liefen zusammen, alle wollten helfen. Anstatt wegzuschauen fühlten sie sich alle (ganz argentinisch!) zuständig. Eine Angestellte schimpfte vor sich hin, dass hier ständig Kinder fielen und man doch endlich dieses verdammte Rohr wegmachen müsse. Da wurde unser Flug aufgerufen – und wir zeitgleich in die Notaufnahme des Flughafens gebracht.

Wir waren dort die einzigen. Auroras Kleidung war jetzt am Rücken blutdurchtränkt. Ein Arzt und eine Krankenschwester gingen sehr liebevoll mit unserem Mädchen um. Sie durfte in meinen Armen liegen bleiben. Ein Büschel Haare wurde abgeschnitten, um die Wunde freizulegen. Bald war sie örtlich betäubt und mit einem Stich genäht. Wir atmeten auf. So schnell und kompetent wäre das bestimmt nirgends anders im Land möglich gewesen!

Aber praktisch alles war blutig, ich konnte nichts mehr anfassen und wusch mich zuerst selbst. Dann zogen wir Aurora aus und eine Plastiktüte für ihre Kleidung war schnell zur Hand. Ich hatte ein Jäckchen an, in das ich sie wickelte – und dann kam ein Anruf aus der Abflughalle. Die hilfsbereite Dame, die uns in die Notaufnahme gebracht hatte, fragte, wie lange es noch dauern würde, denn das Flugzeug wartete auf uns. Ungläubiges Staunen unsererseits. Doch für Kinder tun die Argentinier praktisch alles. Ein Flughafenangestellter holte uns ab, damit wir nicht erneut durch die Passkontrolle mussten und ruckzuck waren wir im Flieger, noch unfähig, die Ereignisse der letzten Stunde für real zu halten.

Abends saßen wir vor dem Hotelzimmer in Puerto Iguazú. Wärme, feuchte Luft, üppiges Grün, bunte Menschen um uns. Und wir wussten, dass einem in Argentinien geholfen wird. Wenn man sich am richtigen Ort befindet, kann es sogar sehr schnell gehen. Eine Art von Hilfe, die man nie unterschätzen darf und die in Argentinien immer vorhanden ist, ist die emotionale. Man wird getröstet und umsorgt, ungeachtet der bürokratischen Hürden. Man ist menschlich füreinander da, ob im Krankenhaus oder in der Notaufnahme. Regenwettergriesgrämigkeit sucht man hier vergebens. An Stelle dieser begegnet man freundlich lachenden Gesichtern, die viele Unannehmlichkeiten entkrampfen, gar aufwiegen, und die das Wohnen im Land lebendig und lohnenswert machen. Wieder obenauf ließen wir am neuen Morgen Wasserfälle samt Regenbögen und Schmetterlingen in endlosen Variationen zum zweiten Mal auf uns wirken.

Wasserfälle von Iguazú

Sofía und Cristina

Sofía kam mit sechzehn als *empleada* (Hausangestellte) zu Familie Vásquez. Sie war von ihrer Cousine empfohlen worden. Uns wiederum hatte die Freundschaft unserer Kindergartenkinder mit Familie Vásquez bekannt gemacht. Aurora und Nahuél hatten vor zu heiraten, wenn sie größer wären. Vielleicht birgt für uns die Zukunft dazu eine Überraschung, wer weiß?

Dass der aus Hamburg stammende Familienvater David auch Hausmann war wie Ron, und Moira, die aus Buenos Aires kam, das Geld verdiente, verband uns zusätzlich. Moira hatte mehrere Jahre in der Nähe von Hamburg gelebt und ihren Mann dort kennen gelernt. Wir verbrachten auf ihrer Terrasse anregende deutsch-argentinische Sonntage bei Grillfleisch und interkulturellen Gesprächen.

„Roxy ist krank", sagte Moira mit besorgtem Blick, als sie von ihrer Empleada zu erzählen begann.

„Roxana? Sie wirkt doch so frisch, was hat sie?"

„Sie hat eine besondere Form von Arthritis, die man schon recht jung bekommen kann. Ihr geht es wirklich nicht besonders, auch wenn sie es sich kaum anmerken lässt. Sie ist gerade mal dreißig und muss sich behandeln lassen. Das heißt, sie wird vorerst nicht mehr für uns arbeiten können und wir brauchen jemanden für die Kinder. Ihr wisst ja, sie versorgt auch das Kind meiner Schwester, die unter uns wohnt."

Moira und David ließen sich mehrere Kandidatinnen von den *agencias de personal doméstico*, den Vermittlungsstellen für Hausangestellte, vorschlagen. Roxana war bei den Bewerbungsgesprächen anwesend, denn Moira vertraute ihrer Einschätzung bei den Bewerberinnen. Sie hatte persönliche Einblicke ins Milieu, aus dem viele der Hausmädchen stammen. Natürlich konnte man auch in einer Villa Miseria zu einem verantwortungsbewussten Menschen heranreifen. Tatsache ist jedoch auch, dass Schulbildung dort oft Mangelware ist und Erfahrungen in der Kleinkriminalität überwiegen können, und auch Hausmädchen leicht dazu neigen, so zu handeln, wie es ihnen in ihrer Kindheit vorgelebt wurde. Roxana und Moira gelang es nicht, einen vertrauenswürdigen Ersatz zu finden, und Roxana musste dringend mit ihrer

Therapie beginnen. Nach vielem Hin und Her und kritischen Abwägungen entschied sich das Familienplenum für einen Ausweg: Roxanas jüngere Cousine Sofía.

Sofía hatte die Schule abgebrochen und allerlei Schulden zu begleichen. Sie wollte arbeiten, um ihre finanziellen Probleme in den Griff zu bekommen und würde außerdem Roxana nach ihrer Behandlung die Stelle wieder zurückgeben. Familie Vásquez strebte an, den beiden Cousinen zu helfen und damit das unaufschiebbar gewordene Problem der Betreuung ihrer Kinder endlich zu lösen. Schon wenige Tage später trat Sofía ihre neue Stelle an. Sie würde ohnehin bald siebzehn werden und damit das Alter erreichen, ab dem es offiziell erlaubt ist zu arbeiten.

Cristina Fernández stammt aus besser situierten Verhältnissen als Sofia. Dennoch gibt es Parallelen. Sie wurde viel früher geboren, 1953, in Ringuelet bei La Plata, sechzig Kilometer südlich von Buenos Aires. Nach der Grundschule besuchte sie die Sekundarstufe, je drei Jahre davon auf einer Handelsschule und einer katholischen Mädchenschule. Sie studierte nach ihrem Abschluss Rechtswissenschaften an der Universität von La Plata und lernte dort Néstor Kirchner kennen. 1975 heirateten sie.

Während der Zeit der Militärdiktatur lebte das Paar in Río Gallegos, Néstors Geburtsort in Patagonien, arbeitete als Anwälte und bekam zwei Kinder. Als Néstor 1987 Bürgermeister von Río Gallegos wurde, begann auch Cristina politisch aktiv zu werden. Ihr gelang der Einzug ins Parlament des Bundesstaates Santa Cruz. 2003 wurde ihr Mann Präsident von Argentinien und sie zwei Jahre später Senatorin der Provinz Buenos Aires. Als Néstor nach seiner zweiten Amtsperiode kein weiteres Mal kandidieren durfte, wählte das Volk 2007 Cristina zur Präsidentin und bestätigte sie 2011 aufs Neue.

Sofía versorgte Moiras Haushalt, ihre beiden Söhne und die Tochter ihrer Schwester. Alle mochten sie. Roxana war in Behandlung. Aus der neuen Stelle wurde Alltag und die Dinge nahmen ihren Lauf. Wohin sie liefen, kam David und Moira nur schleichend zu Bewusstsein. Kleinen Ungereimtheiten unnötig viel Platz einzuräumen und ihnen sofort nachzugehen, dazu sieht sich kaum eine arbeitende Mutter in der Lage und David war in dieser Zeit damit beschäftigt, die Geschäfte von Moiras Großvater mitzuleiten.

Zuerst waren es die Nike-Sportschuhe, die Moira nicht fand, als sie joggen gehen wollte. Gewiss hatte sie sich ihre Schwester ausgeliehen. Das tat sie oft und es störte Moira nicht weiter. Sicher würde sie die Treter anderntags zurückstellen. Aber wo waren die Flipflops, die sie letzte Woche gekauft hatte? Ihre fast ganz neue Jeans hatte ebenfalls der Erdboden verschluckt. Moira nahm sich vor, mit ihrer Schwester zu reden. Hie und da ihre Sachen mitzubenutzen, war ja in Ordnung, aber sie selbst wollte auch noch etwas von ihnen haben.

Das Ergebnis der Aussprache ließ einiges an Unbehagen zurück. Moira war nicht die Einzige, die Kleidungsstücke als lediglich ausgeliehen vermutet hatte. „Sofía?", fragten sich die Schwestern? Unmöglich! Sie war Roxanas Cousine und *de absoluta confianza*, als absolut vertrauenswürdig, angestellt. Außerdem war sie sich Roxanas gesundheitlich schwieriger Lage bewusst.

Cristina behielt das Geld anderer Nationen, das diese in argentinische Staatsanleihen investiert hatten. Anstatt es, wie allseits gefordert, zurückzuzahlen, nutzte sie es für ihre Zwecke. Diese Devisen verdankte ihr Land nicht der Tüchtigkeit seiner Präsidentin, andere Länder hatten sie sich erarbeitet, doch Argentinien wirtschaftete nun mit ihnen.

Im selben Zuge begann Cristina ausländische Unternehmen zu nötigen, den Absatz inländischer Produkte zu übernehmen. Importsubstituierte Maßnahmen sind kein seltenes Werkzeug, dessen sich Entwicklungsländer bedienen. Nur trieb es Cristina so weit, dass die WTO (Welthandelsorganisation) offizielle Beschwerde einlegte, in der es hieß: „Dieses System scheint wie ein Programm zur Importbeschränkung zu wirken." Porsche muss für ein importiertes Auto mehrere tausend Kisten Wein exportieren. Als Ausgleich, wie Cristina diesen Zwang umschrieb. Auch Mercedes Benz, BMW und Audi waren betroffen. Sie stellten auf gleiche Weise die Basis für den so garantierten Export von Wein, Leder und Feldfrüchten dar.

Staatssekretär Guillermo Moreno überwachte die Vorgänge, und da es keine eindeutigen Regeln zur Ausfuhrmenge gab, unterlagen sie in weiten Teilen immer der staatlichen Willkür. Wird nicht genug exportiert, gibt der Zoll die importierten Autos nicht frei – und manches andere auch nicht.

Wir waren 2008 betroffen, als unser Einreisecontainer am Hafen stand. Er brutzelte in der Hitze, die anfallenden Lagergebühren, am Ende des Tohuwabohus summiert auf rund tausend Euro, hatten wir zu tragen. Wie alle anderen neu eingereisten Kollegen. Solche, die ihre Möbel aus Deutschland mitgebracht hatten, campierten wochenlang auf Luftmatratzen und improvisierten ihre Unterrichtsmaterialien. Es blieb mir in Erinnerung, wie unser Umzugsgut stank, als wir es zwei Monate später als erwartet auspackten. Jedes Handtuch und jedes Buch war durchtränkt vom typischen Karton- und Leimgeruch der Umzugskisten. Wochenlange intensive Sonnenbestrahlung hatte ihn in alles gedrückt.

Moira war traurig und verunsichert. War das Mädchen, dem sie vertraut hatte und dem sie den Besuch der Sekundarstufe finanzieren wollte, sobald es siebzehn und legal arbeitsberechtigt war, eine Diebin? Gedankenversunken betrachtete sie Sofía. Sie baute gerade eine Lego-Eisenbahn mit Moiras beiden Söhnen auf. Die junge Frau hatte ihr den Rücken zugewandt und saß nach vorn geneigt. Was sich Moira dabei offenbarte, war in den ersten Sekunden so unglaublich, dass ihr Bewusstsein Mühe hatte, es zu erfassen. Über dem Bund ihrer Jeans waren die Spitzen eines Victoria Secret-Höschens erschienen, zweifellos desselben Höschens, das David ihr geschenkt hatte. Ihre Angestellte trug ihre Dessous! Tränen der Wut schossen ihr in die Augen und um vor den Kindern nicht die Nerven zu verlieren, verließ sie den Raum. Sie rief Sofías Mutter an.

Auch bei Cristina klingelten die Telefone, wenn auch schon ein paar Jahre früher. Ein Dilemma war bereits vor der Ära Kirchner in Gang gesetzt worden, als Argentinien 2001 seine totale Zahlungsunfähigkeit erklärte. Die Investoren fingen damals an, ihre Devisen zurückzufordern, die sie in die erwähnten argentinischen Staatsanleihen investiert hatten. Einigungen waren selbst über die Jahre kaum zu erzielen und im zähen Tauziehen verzichteten viele Länder und Investoren ganz oder zum Teil auf die Rückzahlung der Schulden. Nur wenige hielten gänzlich an ihren Forderungen fest.

Zu nennen ist der Hedgefond Elliott Associates, dessen Motive genauso wie Cristinas hinterfragt werden könnten. Sämtliche Fronten verhärteten sich rapide, da die argentinische Präsidentin die Erstattungen verweigerte. Wegen ihres Verhaltens kam es in den letzten Jahren im Ausland zu aufsehenerregend peinlichen Szenen. Gleich zweimal, einmal in

Deutschland und einmal in den USA, sollte das argentinische Regierungsflugzeug Tango 01 zur Schuldenbegleichung beschlagnahmt werden.

Den Letzten beißen die Hunde, wie man so trefflich sagt. Auf Cristina zeigte man mit Fingern, auch wenn sie nicht die Einzige war, die ihre Hausaufgaben nicht gemacht hatte. Trotzdem saß sie Unannehmlichkeiten nach wie vor lieber aus, als sie zu lösen – vielleicht ließen sich die besagten Hunde ja an den nächsten Präsidenten verweisen. Wie die undichte Mülldeponie südlich von Buenos Aires und die ungebildeten Schulabgänger. Es ist so lange bequemer, nicht zu handeln, bis einen das dicke Ende dazu zwingt.

Cristinas Reaktion auf die drohenden Beschlagnahmungen von argentinischem Staatseigentum war, für Staatsbesuche Flugzeuge anzumieten, auch wenn diese Reisekosten jene mit der Staatsmaschine weit überstiegen. Nach weiteren lukrativen Pfändungsobjekten fahndend entdeckte der Hedgefond ein argentinisches Segelschulschiff namens Libertad (Freiheit!), das vor der Küste Ghanas lag und möglicherweise gepfändet werden konnte. Da Kriegsschiffe laut des Internationalen Seegerichtshofes in Hamburg jedoch Immunität genießen, musste die Libertad freigegeben werden.

Sofía erschien am nächsten Tag nicht bei Moira. Statt ihrer schickte die Mutter den Bruder. Sie hatten Sofías Sachen durchsucht und alles eingesammelt, von dem sie glaubten, es würde nicht ihr gehören. Entsetzt fand Moira darunter ihre Flipflops, ihren inzwischen immerhin frisch gewaschenen Slip, zahlreiche T-Shirts, alles ausnahmslos Markenartikel, kein einziges billiges Kleidungsstück hatte die Empleada mitgenommen. Aber wo waren Moiras Sportschuhe? „Verschwunden", meinte der Bruder. Wie Moira erst jetzt erfuhr, konnte er ein Lied vom großzügigen Umgang seiner kleinen Schwester mit fremdem Eigentum singen. Ihre Schulden, die sie mit den Einkünften im Hause Vásquez abzuzahlen gedachte, hatte sie hauptsächlich bei ihm. Immer wieder hatte sie sich seiner Kreditkarte bedient und damit Kleidung und Kosmetik gekauft.

Auch wenn Sofías Verhalten damit nicht ganz bereinigt war, gaben sich sowohl der Bruder, als auch Moira vorerst mit der teilweisen Rückgabe von Kleidung und Schulden notgedrungen zufrieden. Moira hatte Sofías letzten Monatslohn direkt ihrem Bruder überreicht.

In diesen Tagen starb Roxana. Sie war viele Jahre lang nicht nur Moiras Angestellte gewesen, sondern auch ihre Freundin. Erschüttert und aus alter Loyalität beschloss sie, Sofía noch eine Chance zu geben. Eine Reise nach Europa zu Davids Eltern in Hamburg stand an. Nach ausführlichen Aussprachen und Entschuldigungen samt Besserungsversprechen nahm die Familie ihre Empleada mit, die Kinder mochten sie. Danach, so war es vereinbart, sollte Sofía vormittags die Schule besuchen und nachmittags die Kinder beaufsichtigen.

In der Schule hergestellter „Menschenvorhang

Während des Sommers in Hamburg kam es zu einem neuen Eklat, nämlich im Zusammenhang mit der Telefonrechnung. David und Moira hatten einiges zu erledigen und ließen die Kinder bei Sofía. Offensichtlich nutzte diese die Zeit, um nach Argentinien zu telefonieren. Das stundenlang. Als sie abstritt, die Verursacherin der Kosten zu sein, glaubte ihr niemand mehr. Sie war weit und breit die einzige Person gewesen, die

Interesse daran gehabt haben konnte, in Übersee anzurufen. Noch dazu war durch die Nummern nachweisbar, dass diese ihren Freundinnen gehörten. Der neu zugestandene Vertrauensbonus war mit den abermaligen Lügen verspielt.

„Du warst in der Lage, meine Unterwäsche zu klauen und anzuziehen, also bist Du auch sicher imstande gewesen, hinter unserem Rücken zu telefonieren", warf ihr Moira vor. Sie kündigte ihr das Arbeitsverhältnis, die Finanzierung der Sekundarschule und stellte nach ihrer Rückkehr fest, als sie Sofía ein letztes Mal bei der Endabrechnung ihres Gehalts sah, dass sich ihr Bauch wölbte. Das Mädchen war also schon während des Deutschlandaufenthaltes schwanger gewesen. Es hatte seine Chancen, die das Leben ihm durch die Anstellung bei Familie Vásquez zugeschanzt hatte, weder erkannt noch beim Schopf ergriffen. Es würde eher völlig mittellos als dürftig bemittelt ein weiteres Kind in einer *Villa* aufwachsen lassen. Und wie sollte dieses Kind eine klügere und umsichtigere Lebensgestaltung erlernen als die, die es bei seiner Mutter sah?

Der „Mangel an Urteilsvermögen" von Cristina Fernández de Kirchner sowie das einiger anderer Politiker, was die Konsequenzen ihres Verhaltens betrifft, kann nicht durch eventuelle geringe Bildung und daraus folgende unzureichende Weitsicht erklärt werden. Und trotzdem findet sich diese Art des Umgangs miteinander, die den eigenen Gewinn über die Fairness stellt, in allen Schichten, vom Kleinsten bis zum Größten, vom Cartonero bis zum Staatsoberhaupt. „Es wird schon irgendwie gehen." „Die anderen werden es mit der Zeit schon schlucken."

Die Wohlwollenden schlucken es zunächst oft tatsächlich – und zahlen lange Zeit die Rechnungen. Bis die ausstehenden Summen auf Druck doch noch von den eigentlichen Verursachern – zum Teil – berappt werden. Bis dahin geht viel kaputt. Schlimmer als der materielle Wert ist die menschliche Niederlage. Wem kann man glauben? Wem trauen? Wann kippen Geschäftsverhältnisse vom Ehrlichen ins Korrupte? Wo sind die Zusammenhänge? Wer stützt wen? Wer wird von wem getragen und wer lässt sich mittragen? Wenn einer loslässt, wen reißt er mit? Wer *hängt* an wem und wie?

Ein beliebter Dekoartikel, der in den Läden des Stadtteiles San Telmo zu finden war, ist ein possierliches, aus Drahtgestell und Papier gebasteltes Figürchen. Seine Hände und Füße trägt es angewinkelt. So kann man mehrere von ihm aneinanderhängen, beliebig viele, bis sich eine Art Vorhang bildet.

Ich gestaltete in der Schule mit meinen Siebtklässlern so einen zusammenhängenden „Menschenvorhang". Nachdem jeder sein Männchen als Vertreter seiner Person angehängt hatte, philosophierten wir, welche Einblicke unser Gebilde in die Gruppendynamik der Klasse gab. Die Kinder sahen nun, wer wo stand, hing, und beredeten, wer durch wie viel Absicht oder Zufall dorthin geraten war und wer sich lieber an eine andere Position umhängen würde und warum, wie viel er für den Wechsel investieren müsste, und dass man nicht übersehen dürfe, dass derartige Verhängungen überall existieren. Sie behindern vorhangartig die Sicht darauf, welche Motive die Individuen in ihre Stellungen brachten und hinter dem Sichtschutz liegen. Nicht blind hinnehmen, sondern scharf hinschauen! Das den Teenies beizubringen, war Zweck der Männchen.

Es ist ein Phänomen, das in manchem Land auftritt, das unter Militärdiktaturen gelitten hat. Ein Phänomen, von dem nicht eindeutig gesagt werden kann, ob es die Regierungen begünstigen oder die Regierten. Nicht zu leugnen ist die Wechselwirkung: Wer bestimmte Charakterzüge aufweist, arbeitet sich an die Staatsspitze. Wer sich an der Spitze befindet, lebt dem Volk seine Moral vor. Wer sich nach oben arbeitet, wurde schon sein Leben lang von dieser Art „Moral" geprägt, die für den Aufstieg Dienste leistete, und wendet sie erneut an. Ein Kreislauf, der schlecht zu durchbrechen ist, solange man sich in ihm befindet und keinen Blick von außen auf ihn wirft. Während der Militärdiktatur lebte die Regierung vor, wie man die Menschenrechte verletzt. Recht und Gesetz wurden nach eigener Auslegung verbogen, zunächst von der Regierung, dann immer wieder vom Volk. Bürgerwehren zum Schutz des Eigentums, wenn die Polizei nicht genug leistet, sind nicht nur in Argentinien Alltag. Und wer sich ungerecht behandelt fühlt, verfährt nach seinem eigenen Gutdünken.

2012 war Präsidentin Kirchner wieder in den Schlagzeilen. YPF war der größte Erdölförderer des Landes, siebenundfünfzig Prozent der Anteile hielt die spanische Firma Repsol. Mit der Begründung, dass diese zu wenig im Land investiere und nicht genug Öl gefördert hätte, waren ihre Anteile enteignet worden.

Man nimmt, was man gerade braucht, oder zu brauchen glaubt.

Cristina wie Sofía.

Wie Cristina.

Wie Sofia.

Sofía wie Cristina.

Der Showdown
Mail an unsere Familien und Freunde im Oktober 2010

Unausweichlich steuern wir auf das Ende zu. Wie es immer irgendwann passiert, wenn dieses naht, beginnt die Zeit zu rasen, auch wenn uns noch mehr als zwei Monate Südamerika bleiben.

Was ich von jeher an Enden mochte ist, dass sie Liebgewonnenes intensivieren und manchen Missmut relativieren. Man nutzt jede Minute noch bewusster, jede Gelegenheit, teilt seine Tage genau ein.

Obwohl ich mittlerweile selbst im Abschiednehmen eine gewisse Routine entwickle, scheine ich den Gefühlswallungen nicht zu entkommen. Man durchläuft sie ungefiltert und schonungslos. Jedes Mal. Vom Hadern übers Hinterfragen bis zum Schluchzen über die Vergänglichkeit, um sich dann doch auf neue Ufer zu freuen, wie ambivalent diese Vorfreude auch sein mag.

Wenn das ganz dicke Ende kommt, wenn man zum letzten Mal die Wohnungstür hinter sich zuzieht und den Schlüssel abgibt und man auf dem Weg zum Flughafen denkt, gleich in Tränen auszubrechen, zusammenzubrechen, hilft nur noch eines: Augen zu und durch! „Abschiednehmen heißt ein wenig sterben", sagte der französische Dichter Edmond Haraucourt. Recht hatte er!

Ich würde die Augen am liebsten ein paar Wochen nicht mehr aufmachen müssen. Denn was nach der Ankunft in Deutschland kommt, ist noch schwerwiegender, diffiziler. Man schlägt auf aus einer Welt, die sich die Lieben dort nur vage vorstellen. Ist zurück in einer Welt, die nicht mehr die ist, aus der man ausreiste. Für eine Weile existieren keine festen Komponenten, die Gültigkeit besitzen, vor allem emotional.

Unangefochten ist uns das Wichtigste, wie es Aurora gehen wird. Inzwischen ist sie lustig bilingual. Das soll heißen, mit sprachlichen Mischformen. Mit ihren Freunden plappert sie auf Spanisch, zu Hause redet sie Deutsch. Was sie wörtlich übersetzt, versteht man meist nur, wenn man beide Sprachen kennt: „Wenn ich groß bin, heirate ich MIT Nahui" und: „Schau, wie der Barbie das Kleid BLEIBT (anstatt steht)". Der gleiche Effekt umgekehrt im Spanischen. Erst mit zehn Jahren, so hatten es deutsche Kollegen älterer Kinder beobachtet, verschwindet solcher Mischmasch. Aber wir befürchten, dass Auroras ganzes Spanisch schnell verschwinden wird, wenn es kein Muttersprachler mehr mit ihr spricht und Funktion samt Motivation mit der Umgebung wegfallen.

Und sonst? Die anfangs so verschachtelten Rätsel fügten sich zum kolorierten Bild zusammen. Manches darauf fein, klar gezeichnet, anderes vernebelte Flecken. Durch seine immerwährende Dynamik bleibt es ein lebendiger Organismus, kann niemals als vollendet angesehen werden.

Sonntäglicher Meinungsaustausch auf der Plaza Belgrano

Wie schon angeführt sieht man die Unterschiede zu uns Mitteleuropäern nicht sofort und begeht den Fehler, durch die optische Ähnlichkeit auch mit geistiger zu rechnen. *Pero son distintos*, aber sie sind anders. In der zehnten Klasse fahren unsere Schüler für zwei Monate nach Deutschland, umgekehrt kommen portionsweise die deutschen Austauschpartner zu uns. Die Argentinier sind in Deutschland hin und weg von der Freiheit, vieles alleine tun zu dürfen und nicht von den Eltern gefahren zu werden. Darauf müssen sie daheim wegen der Großstadtkriminalität verzichten, bis sie nahezu erwachsen sind. Die deutschen Jugendlichen reißen in den argentinischen Klassen anfangs sprachlos die Augen auf. Sie begreifen oft erst dort das deutsche Schulsystem in seiner Effektivität, und dass ein gewichtiger Grund dafür im Arbeitsverhalten liegt. Genau wie im Unterricht darf bei den Südamerikanern auch zu Hause der Spaß nicht zu kurz kommen. Die Eltern sehen das wie ihre Kinder.

Eine Episode dieses Sommers verdutzte: Eine argentinische Familie kündigte ihrer deutschen Austauschtochter das Zusammenzuleben auf. Das Mädchen war ihr „zu ruhig und zu langweilig". Eine schüchterne Jugendliche, was ging in ihr vor? Sie war eine ganz Normale, nicht dick, nicht mager, nicht groß, nicht klein, ruhig und – schüchtern eben. Ein deutscher Lehrer, mit Kindern in ihrem Alter, nahm sie auf. Seine Familie wurde zu ihrer Arche.

Wo waren hier argentinisches Mitgefühl und herzliche Freundlichkeit? So dünn? Wenige Zentimeter unter der Haut schon nicht mehr vorhanden? Wie hätte eine deutsche Familie gehandelt? Hätte sie ihren Gast nicht länger beschnüffelt? Anstatt sich sofort in großer, vielleicht viel zu großer „Freundschaft" auf ihn zu stürzen und ihn bei nicht erfüllten Erwartungen unverhältnismäßig bestürzt fallen zu lassen? Wäre man loyaler gewesen? Womöglich. Genau diese Art von Verlässlichkeit vermissen viele Argentinier selbst an sich.

Das Resultat der nächsten Begebenheit war in ähnlicher Weise in den letzten Jahren mehrfach zu beobachten, und hat sich neulich wieder ereignet. Derartiges passiert aber umso seltener, je mehr man sich in die Gepflogenheiten einfuchst und solche Situationen von vornherein vermeidet. Denn so sehr man als Lehrer auch anstrebt, bei seinen Schülern möglichst viel zu bewirken, die Kultur zu verändern schafft man nicht.

Ein Fünfzehnjähriger hat letzte Woche zu mir ein übles Schimpfwort gesagt: *Chupame!*, was in etwa dem allseits bekannten Fuck you! gleichgesetzt werden kann und wörtlich „Blas mir einen" bedeutet. Der Grund war, dass er sich bei einer Schulaufgabe von seiner Banknachbarin wegsetzen sollte – und so bei ihr nicht abschreiben konnte. Ich gab ihm eine Mitteilung mit nach Hause. Daraufhin kam er erneut zu mir, um sich zu beschweren. Derartiges Verhalten wird von vielen Eltern unterstützt. Doch manchmal schafft man es nicht, das einfach hinzunehmen, obwohl man nach drei Jahren Erfahrung eigentlich weiß, worauf es hinauslaufen wird: Der Schüler bekommt, so lange auf irgendeine Weise hinbiegbar, Recht.

Ich wandte mich an die Tutorin und sie redete mit dem Jungen. Dieser hat die Tutorin dann davon überzeugt, dass ich das alles falsch aufgefasst hätte. Was soll man da noch machen? Ein Kampf gegen Windmühlen. Ihr könnt euch vielleicht vorstellen, vor allem die Lehrer unter euch, dass es unter solchen Umständen kaum möglich ist, für längere Zeit wirkliche Ruhe in den Klassen zu schaffen und eine termingerechte Abgabe von Aufgaben von allen Schülern einzufordern.

Auf der anderen Seite verlassen die Schüler aber ganz sicher die Schule nicht mit einem zu geringen oder beschädigten Selbstwertgefühl, etwas, womit die Menschen in Deutschland oft nicht nur während ihrer Schulzeit kämpfen. Die Argentinier kennen ihren Wert, ganz anders als wir Mitteleuropäer.

Dass viele als Folge davon glauben, fast alles zu können, steht wiederum auf einem anderen Blatt. Das wurde mir anschaulichst demonstriert, als ich eine Spanischlehrerin suchte, die mich auf die C1 Prüfung vorbereiten konnte. Im Netz und über Sprachschulen fand ich unzählige. Nur musste ich ständig nach den ersten Stunden mit einer neuen Lehrerin feststellen, dass sie im Endeffekt keine Ahnung und Erfahrung von Aufbau und Grammatik der eigenen Sprache oberhalb der Anfängerstufe hatte. Allzu leichtfertig traut man sich alles zu und schulterzuckend wird ignoriert, dass sich das Niveau der Anforderungen nie und nimmer mit dem des eigenen Könnens deckt.

Keiner verliert je sein Gesicht, wie ich schon in früheren Mails zu beschreiben versuchte. Es wird immer und immer und immer wieder die Chance gegeben, alles nachzuholen. Fächer von der Schule dürfen bis zum Universitätsabschluss nicht bestanden sein und können jedes Jahr zweimal nachgeprüft werden, bis man sie dann doch irgendwann besteht – oder dem Lehrer die Puste ausgeht, wenn er demselben Kandidaten eines ums andere Mal die gleichen Aufgaben vorsetzt. Alles wird immer wieder reingewaschen – egal, wie viele Flecken es haben mag. Es war ja nur ein Missverständnis und niemals so gemeint, wie es dem Gegenüber zunächst erschien.

Und durch solche Maschen schlüpfen auch zukünftige Politiker und Drahtzieher im Staatssystem nach oben. Je vehementer man auf seinen Lügen besteht, desto mehr „Missverständnisse" werden toleriert, wie schon die österreichische Schriftstellerin Marie von Ebner-Eschenbach im neunzehnten Jahrhundert feststellte: „Einer tausendfach wiederholten Lüge glaubt man leichter, als einer zum ersten Mal gehörten Wahrheit."

Auch in Argentinien bestätigt sich dieses Zitat, denn es wird kaum jemand dazu angehalten, wirklich für eine seiner Handlungen seinen eigenen Kopf hinzuhalten. Es werden keine Verhaltensstrukturen geschaffen, die ein geradliniges Vorwärtskommen ermöglichen. Menschen, die sich wünschen, dass Leistung zählt und anerkannt wird, verlassen oft die Region, wenn sie das können. In der internationalen Wirtschaft gilt das Land als unzuverlässiger Partner.

So gelingt es nach und nach zu verstehen, warum Argentinien seine Probleme nicht in den Griff bekommen kann. Für alle Gelegenheiten, bei denen ich jene Zusammenhänge von Ursache und Wirkung mit eigenen Augen und Ohren miterleben konnte, bin ich unendlich dankbar. Also dafür, ein kleines Stückchen mehr erfassen zu dürfen, wie die Menschheit beschaffen ist.

Unser Direktor zeigte in seiner Rede zum Bicentenario viel Bereitschaft, den Schülern der Pestalozzi-Schule neue Denkbahnen aufzuzeigen. Im Handeln saß er allerdings oft zwischen zwei Stühlen. Einerseits wollte er bestimmte Vorgehensweisen nicht unterstützen, andererseits tat er es ständig, selbst eingebunden ins System und abhängig von der schulinternen Diplomatie.

Was litt ich in Mexiko unter dem Machismo, der es ausländischen Frauen schwer macht, dort alleine zu wohnen und unterwegs zu sein. Trotzdem sind die Mexikaner in mancherlei Hinsicht echter. Der Machismo ist, was er ist. Man sieht ihn, man kann ihn schier mit Händen greifen. Der Bauarbeiter, der seine Obszönitäten am lautesten über die Straße hinweg einem Mädchen oder einer Frau nachbrüllt, versteht sich als der Potenteste, der Geilste, der Tollste – und ist der Dümmste, Besoffenste und Gefährlichste. Ganz direkt, ganz geradeheraus.

In Argentinien befinden sich die Gründe für Ungereimtheiten mehr unter der Oberfläche. Man neigt immer wieder dazu zu vergessen, wie es stellenweise darunter aussieht, weil ja alles darüber von einer gehörigen Portion Leichtigkeit getragen ist. Aber da im Alltag hauptsächlich Alltag stattfindet und es die Stärke der Argentinier ist, ihn durch Hilfsbereitschaft und Fröhlichkeit ungewöhnlich angenehm zu gestalten, kann man hier trotz all dem Beschriebenen wunderbar glücklich leben – vor allem als Europäerin und Europäer.

Araukarie, ehemaliges Saurierfutter

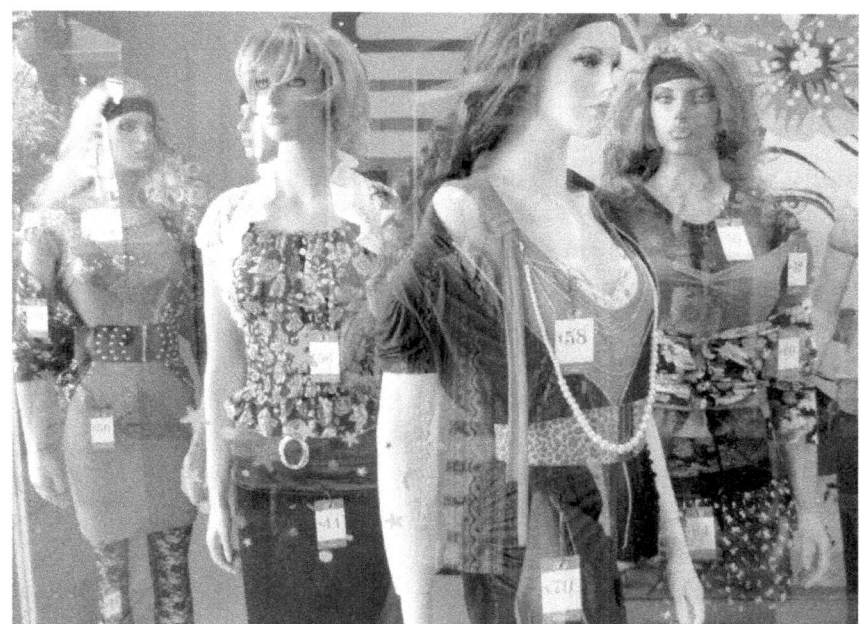

Frühjahrsmode im Schaufenster

Ich bin ihm nicht entkommen, dem Übernehmen mancher Äußerlichkeiten, Wortwendungen, gar Gesten und Bewegungen. Das nennt man wohl einsetzende Einbürgerungsmerkmale. Sie zeigen sich auch in meiner Kleidung. Sieht man die ortsübliche tagtäglich, schleicht sich die Gewöhnung an sie ein und man beginnt, sich auch modetechnisch mehr und mehr anzugleichen. Anfängliche Gegenwehr schrumpft zur Unwichtigkeit. Wenn wir nicht bald das Land verlassen würden, hätte ich mich zu noch mehr Leggins mit Woolworth-Muster und karnevalsähnlichen Oberteilen hinreißen lassen. Ein Schaufensterfoto zeigt euch die diesjährige Frühjahrsmode. Ein weiteres eine Araukarie, mit ihren schlanken, gen Himmel ausgebreiteten Armen. Araukarien zählen zu den Koniferen. In der Urzeit überzogen sie den ganzen Kontinent und waren damals Saurierfutter!

Liebe Grüße an euch alle, besonders jetzt, in der letzten argentinischen Mail.

Ausflug nach Uruguay

Es ist ein kurzer Weg von der argentinischen Hauptstadt in die uruguayische. Entweder nimmt man die Fähre über den Río de la Plata oder folgt dem Río Uruguay mit dem Auto ein Stück Richtung Norden, um ihn auf einer der drei Brücken zu überqueren, bei Gualeguaychú, Colón oder Concordia. An vier(!) Grenzposten müssen Formalitäten erledigt werden: für die Ausreise von Argentinien, für die Einreise nach Uruguay, für die Ausfuhr des Autos, für die Einfuhr desselben.

Es war jahrelang nicht möglich gewesen, diese trotzdem einfache und schnelle Route zu nutzen, denn die Brücken waren seit 2005 ständig oder periodisch von argentinischen Umweltschützern blockiert und erst vor wenigen Monaten frei gegeben worden. Der Bau und die Inbetriebnahme einer *Papelera*, einer Zellulosepastefabrik, bei Fray Bentos in Uruguay, sollte verhindert werden. Es liegt am Río Uruguay dem argentinischen Gualeguaychú gegenüber.

Im Zuge der Streitereien zwischen den Anrainern versicherte der Bauherr, ein finnischer Konzern, mehrfach, alle Umweltauflagen zu erfüllen. Für die Produktion von Zellulosepaste sind große Mengen Wasser und Holz erforderlich, vornehmlich Eukalyptus, das in Uruguay zuhauf produziert wird. Forscht man über die Hintergründe, stellt man schnell fest, dass Argentinien selbst dreißig Papeleras am Río Uruguay betreibt. Seine in den Río geleiteten Abwässer – gegen die sich Argentinien bei der neu geplanten uruguayischen Fabrik so wehrte – spürt Uruguay ebenso.

Man könnte eher annehmen, dass sich der Groll nicht gegen die Umweltgefahren richtete, sondern gegen den finnischen Bauherrn. Der hatte sich mit dem Nachbarland geeinigt und dort Arbeitsplätze und Verdienstmöglichkeiten geschaffen. Und das trotz des hohen Angebots argentinischer Schmiergeldzahlungen – wie man munkelte. Die Beweggründe der Umweltaktivisten auf den drei Flussbrücken mögen ehrlich gewesen sein. Aber fatalerweise wurden diese Demonstranten als Spielfiguren in einer Schmierenkomödie missbraucht. Schlussendlich entschied der Internationale Gerichtshof in Den Haag. Die Blockaden mussten aufgehoben werden und die Fabrik durfte gebaut und in Betrieb genommen werden. Zur Erleichterung vieler wurde das als Zeichen gewertet, dass nicht allerorts oftmals wiederholten Lügen mehr geglaubt wird als der einfachen, schlichten Wahrheit.

Krabbe am Strand

Dennoch schätzen die Argentinier ihr Nachbarland, allem vorweg für ruhige Strandurlaube. Wer dafür nicht die Strecken bis Brasilien zurücklegen will, hat den nur drei Millionen Einwohner starken Staat als Alternative. Dieser ist in vielem seinem großen Nachbarn ähnlich und wird von ihm gerne als kleiner Bruder bezeichnet, beschrieben, behandelt.

Das gegenseitige Verhältnis war in der Geschichte nicht immer geschwisterlich. Einst gehörten beide, zusammen mit Bolivien und Paraguay, dem spanischen Vizekönigreich Río de la Plata an, das der Gouverneur von Buenos Aires verwaltete.

Ab 1810 begann man, die Unabhängigkeit einzufordern. Geführt vom Nationalhelden General Artigas konnte sich während diverser Kämpfe zwischen 1810 und 1815 schließlich auch Uruguay befreien. Es musste sich nicht nur gegen seine Kolonialmacht zu behaupten lernen, sondern auch gegen seine Nachbarn. Der große Bruder versuchte 1812 erfolglos, durch eine Belagerung den kleinen einzugliedern. Geblieben ist Uruguay davon sein argentinischer Nennname, bei dem die Note des Besitzanspruchs mitschwingt: *Provincia Oriental* – östliche Provinz. Die Flaggen der beiden Länder ähneln sich, sie tragen dieselben Farben. Ihre Völker weitgehend ebenso.

Vor unserer Rückkehr nach Deutschland gönnten wir uns eine Pause, nachdem der Großteil der nicht enden wollenden Formalitäten erledigt war. Wir urlaubten ein vorerst letztes Mal im Sommer der Südhalbkugel. Dazu mieteten wir uns – nachdem wir die Brücke mit den vier Grenzpfosten geschafft hatten – in einem Strandort östlich von Montevideo ein. Dort, den Río de la Plata von der anderen Seite aus betrachtend, sind die Temperaturen ausgeglichener als im Großstadtsmog. In diesen Januartagen berichteten die argentinischen Fernsehsender, die man auch in Uruguay empfängt, über die Hitzegrade in Buenos Aires. Sie lagen um die vierzig Grad. Es wurde geraten, kleine Kinder und ältere Leute davor zu schützen. Prächtig angenehm waren dagegen die unkontaminierten Lüfte am Strand.

Das Flusswasser mischt sich je nach Strömung stärker oder schwächer mit dem Salzwasser des Atlantiks. Je nach Wetterlage fangen die Fischer ganz unterschiedliches Getier. An manchen Tagen wurden Quallen angespült. Massenhaft. Sie brannten nicht mehr als Brennnesseln und nach dreißig Minuten war auch das vorbei. Sehenswert waren sie ihrer Größe wegen und der ästhetischen Pastellfärbung. Und außerdem, weil sie am Strand noch lebten und ihre Gallertkörper wellenförmig bewegten. Zugegeben trübten sie den Badespaß. Kühne versuchten, ihnen auszuweichen, verloren aber all diese Duelle. Lieber in den Pool gehen, als nochmal einen Nachmittag voller Striemen am Körper. Doch ohne es ausprobiert zu haben, ging es auch bei uns nicht!

Ein Tag in der Hauptstadt musste ebenso sein. Wie schonend vom Schicksal, dass es keinen Blick in die Zukunft hergibt. Dass keiner weiß, in was er hineingerät und welche Suppe er demnächst auszulöffeln hat. Wir hätten die Quallen vorgezogen!

Innerhalb einer Stunde waren wir in Montevideo. Die Orientierung fiel aufgrund der geringen Größe im Vergleich zu Buenos Aires leicht und ein Parkplatz war schnell gefunden. Gegenüber einer Bushaltestelle in einer zentrumsnahen, belebten Straße sollte es keine Probleme geben – dachten wir.

Die Sonntagsmärkte in den nahen Straßen waren ein quicklebendiger Genuss und boten alles, von Haustieren über Haushaltsartikel und Kunsthandwerk bis zu klebrigen Leckereien.

Vom Gedränge durchgewalkt wollten wir am Spätnachmittag zurück zum Strand. Und konnten nicht. Schon von Weitem war eine Person am Auto auszumachen. Sie lehnte daran. Beim Näherkommen erkannten wir eine Uniform. Mist! Dann war der Parkplatz wohl doch nicht legal. Aber warum wurde deswegen auf uns gewartet? Ein Strafzettel hätte es auch getan! Das Ganze sah stark nach Ärger aus.

Eingeschlagene Autoscheibe in Montevideo

Nur noch wenige Meter entfernt erschraken wir. Glas lag am Boden. Das der Scheibe des Fahrerfensters. Lag auch innen auf den Autositzen. Nur der eine Gedanke fuhr mir durch den Kopf: Wenn jetzt die Pässe weg sind, kriegen wir richtige Probleme! Wegen der bevorstehenden Ausreise nach Deutschland. Weil die Zeit fehlen würde, uns neue ausstellen zu lassen. Teuer ist so etwas obendrein. (Ich musste schon zweimal diese Prozedur durchlaufen.) Ein paar Stunden vorher hatten wir abgewogen und entschieden, die Papiere im Auto zu lassen. Diese Option war uns sicherer erschienen, als sie den ganzen Tag im Menschengedränge durch die Gegend zu tragen.

„Sind Sie die Besitzer?", fragte uns die Polizistin.

„Ja! Was ist passiert?"

„Ihr Autoradio wurde gestohlen. Aber ganz ruhig, wir haben die Diebe!"

„Was? Sie haben die Diebe erwischt? Wie ist das möglich?"

„Es kam zufällig eine Polizeistreife vorbei."

Unglaublich! Dass irgendwann einmal, bei einem Verbrechen dieser Kategorie, die Delinquenten gefasst worden waren, dazu noch augenblicklich, wer hatte das je gehört! Übrigens lagen Pässe und Autopapiere auf dem Fahrzeugboden. Beim Herausreißen der Mittelkonsole, um ans Radio zu kommen, waren sie aus dem Handschuhfach gefallen. Man brauchte jetzt die Spurensicherung und müsse zur Polizeiwache, um alles zu Protokoll zu geben, erklärte uns die wahrlich nette Polizistin.

Das Glaslager der Werkstatt

Warten. Wieder mussten wir damit unsere Zeit verschwenden, totschlagen, anstatt sie intensiv zu nutzen. Das verfolgte uns. Es sah danach aus, dass es dauern würde. Da half nichts. Und es dauerte. Wenigstens erwiesen sich alle im Präsidium, wo wir inzwischen herumsaßen, als entgegenkommend und hilfsbereit. Sie erklärten uns Landesunkundigen die Vorgehensweise. Wir müssten am nächsten Tag wiederkommen, um auf dem Gericht Anzeige zu erstatten. Täten wir das nicht, seien sie verpflichtet, die beiden Täter wieder auf freien Fuß zu setzen. Sie also ungestraft davonkommen zu lassen. Niemals! Wie umständlich es auch werden würde, wir kämen. Es handelte sich um zwei Männer im Alter von dreiundzwanzig und sechsundzwanzig Jahren, die bei der Polizei schon bekannt waren. Sie waren hier auf der Wache in einer Zelle.

„*Quiero verlos!*" – ich will sie sehen, so die aufmerksam zuhörende Aurora. „*Por qué?*" Amüsiert lächelte die Politesse uns gegenüber am Schreibtisch. „*Es divertido*" – es ist lustig, so das Mädchenstimmchen. Jetzt lockerten wir uns alle, der ganze Raum lachte. Zu köstlich war die Erlebenswelt der jetzt fast Vierjährigen.

Zugegeben, ich hätte auch gerne geguckt. Aus nackter Neugier. Wie zwei aussahen, die dreist und dumm genug waren, um auf einer menschenvollen polizeifrequentierten Straße nachmittags Fenster einzuschlagen. Nur war es verboten und die Frau in Uniform nicht zu erweichen. Sie musste das Protokoll aufnehmen. In der Landeshauptstadt des Staates Uruguay. Im Polizeizentralrevier. Im einundzwanzigsten Jahrhundert. Die Bediensteten mit Handys in Hand- und Hosentaschen. Man traute seinen Augen nicht! Es musste sich um eine Fata Morgana handeln. Es konnte nicht sein. Oder doch? In der Provinz, ja. Aber hier? Die Polizistin tippte auf einer – mechanischen – Schreibmaschine.

In der Dämmerung tauchte die Spurensicherung auf. Als wir ihre Sofortbilder gesichtet und die Papiere unterzeichnet hatten, konnten wir fahren. Die warme Sommerflut zog ungehindert durchs Fenster ohne Scheibe im Glassplitterauto. Am Horizont unseres lauschigen Strandorts ein letzter leuchtender Streifen. Ruhige Wellen schwappten über Sand und Quallen. Wir ließen uns zwischen sie fallen. Die Welt war fantastisch, die Erlebnisse irrwitzig.

Notgedrungen opferten wir den neuen Morgen für den Gang aufs Gericht. Verwinkelt im historischen Zentrum lag es. Wir hatten wenig Lust zu suchen und hatten uns immer noch ein bisschen dümmer gestellt, bis sich die Politesse vom Vortag geschlagen gab und uns hinbrachte. Sie müsse sofort wieder zurück auf ihren Posten, das war selbstverständlich. Geöffnet hatte das hohe Amt noch nicht, obwohl das Schild am Eingang das Gegenteil behauptete. Es kam aber bald jemand, der uns in Räume mit relativ zeitgemäßer Büroausstattung führte. Zeugenaussagen wurden am Computer verarbeitet.

Die Verurteilung erfolgte noch am selben Tag. Später konnten wir am Telefon das Ergebnis erfragen. Mit einer kaum unterdrückbaren, aber angemessenen, nicht übertriebenen Portion Genugtuung brachten wir in Erfahrung, dass die beiden für ein halbes Jahr einsitzen würden. Wenn wir also in Deutschland Ostereier suchten, atmeten sie noch immer gefängnisgittergesiebte Luft. Sogar mindestens, bis wir im August im Badesee schwammen. Im Endeffekt waren sie arme Teufel.

Ausgestanden war damit noch nicht alles. Uns fehlte ja eine Scheibe. Wir sahen uns schon mit einem mittels Klebeband notdürftig befestigtem windschiefem Kartonstück zurück nach Buenos Aires fahren. Eine neue Scheibe in Montevideo zu beschaffen nähme bestimmt Tage in Anspruch – die wir nicht mehr hatten. Aber weit gefehlt! Der Autoradioklau war gerade dermaßen in Mode unter den Kleinkriminellen, dass spezielle Werkstätten aus dem Boden geschossen waren. Sie hatten Autoglas für jedes Fenster und für jedes Modell vorrätig und setzen es binnen Stunden ein.

Wir erfragten den Weg zur nächsten Autoglaserei, besichtigten ihr enormes Scheibenlager und hatten innerhalb einer einzigen Stunde den Schaden behoben. Obwohl vier vor uns an der Reihe gewesen waren! Acht weitere kamen nach uns. Alle mit demselben Reparaturauftrag. Der Kunde entschied, ob er eine Rechnung für die Versicherung ausgestellt haben wollte. Keine zu verlangen war die kostengünstigere Variante. Sie wurde mit einem Augenzwinkern empfohlen. Wir wogen Aufwand und Nutzen ab und ließen Rechnung Rechnung sein. Die eingesparten Stunden, die wir hätten investieren müssen, bis der Schaden von der Versicherung ersetzt worden wäre, waren uns diese vierundvierzig Euro Glas samt Arbeitslohn wert.

Ein weiteres, diesmal freiwilliges Treffen in Uruguay musste sein. Ein Kollege arbeitete an der Auslandsschule von Montevideo. Vieles ist an den deutschen Auslandsschulen kongruent, einiges klafft dagegen weit auseinander. Man tauscht sich unter Kollegen aus, wappnet sich so vorsorglich für spätere Bewerbungen, lotet aus und sondiert die Landschaft.

Eine der Schwierigkeiten, die zu handhaben sei, so mein Bekannter, sind enorme Gehaltsunterschiede zwischen den ortsansässigen Lehrern und den deutschen mit ihrem Entgelt in Euro. Die ersteren auf zusätzliche Einnahmen angewiesen, die zweiten luxuriös lebend. Eine Schieflage, die es an vielen Schulen gibt, auch an den argentinischen, nur oft nicht so gravierend, als dass sie mit etwas gutem Willen nicht übersehen werden könnte. Man tut dies auf beiden Seiten, um Zusammenarbeit und Freundschaften nicht zu beeinträchtigen.

In Montevideo war es üblich, wie ich mir erzählen ließ, dass die Lehrer mit dem niedrigsten Einkommen – es sind die der Grundschule – von den Eltern Geldgeschenke bekamen. Diese wirkten sich zwingend und direkt proportional auf die Noten aus. Daraus entsprangen Zensuren bei Kindern wohlhabender Eltern, die nicht annähernd dem Leistungsstand entsprachen. Wechselten diese Schüler von der Grundschule in die Sekundarstufe und bekamen im Fach Deutsch einen Lehrer aus Übersee, begannen Probleme. Heftige Probleme. Und eine diffizile diplomatische Aufgabe, wenn der Eingereiste nicht nachgab. Für die Eltern hatten ihre Kinder einfach die Noten, die im Zeugnis waren – und Punkt! Wodurch erreicht, stand nicht zur Debatte.

Meinem Kollegen aus Montevideo war diese Problematik bei seinem Dienstantritt nicht bewusst. Er trat blindlings in die vielen ranzigen Fettnäpfchen auf dem ihm noch unbekannten Terrain. Er vergab nämlich die Deutschnoten, die angemessen waren. Als Folge rannten ihm die Eltern die Tür ein, überzeugt davon, dass es dem Neuen nicht hinnehmbar an Urteilsvermögen fehlte. Nur an welchen Stellen, war diesem selbst zunächst schleierhaft. Er, der frisch Zugezogene, sei der erste, bekam er zu hören, bei dem die Kinder schlechte Noten bekämen! In der Grundschule wären die Zensuren tadellos gewesen. Allmählich begann mein Kollege zu vermuten, dass sich der Vorwurf nicht wirklich auf die Qualität seiner Arbeit bezog. Unterschwellig ging es um etwas ganz anderes. Man warf ihm eigentlich vor, nicht bei den kompliziert verwickelten, unter der Oberfläche peinlichst verborgenen, sozialpolitischen Machenschaften mitgespielt zu haben.

Sich dennoch nicht der ortsüblichen Schuldiplomatie anpassend, beharrte der Pädagoge auf seinen Leistungsmessungen, schlug Nachhilfestunden vor und verwies auf die Sprachdiplome in den höheren Klassen. Die Aufgaben dafür werden aus Deutschland verschickt und unterliegen internationalen Standards. Ohne eigenen Einsatz der Schüler sind sie nicht zu meistern. Seine Vehemenz trug ihm nichts als etliche Sitzungen beim einheimischen Direktor ein. Er sollte gefälligst zusehen, verlangte dieser von ihm, dass er die Kinder (auf dem Papier!) auf das nötige Niveau hob – ohne die Eltern zu verärgern! Sie sind die Kunden jeder Privatschule.

Meinem Kollegen war das zu viel. Er ließ sich nicht verbiegen und vergab keine zurechtgebogenen Noten. Es blieb so nichts, als am Ende der Vertragszeit auf eine Verlängerung zu verzichten. Er ging nach Deutschland zurück. Er hatte die Wahl gehabt. Treue zu sich oder Veruntreuung seiner Überzeugung, um sich zu finanzieren. Anders als Daniel aus Ramos Mejía, der weder die Möglichkeiten zur Kompensation des fehlenden Schulmaterials noch die Gelegenheit hatte, der Haltung seines Direktors durch einen Jobwechsel zu entkommen.

Wählen zu können, das heißt, sich nicht in der Position der Großstadttauben zu befinden oder der Cartoneros, die allnächtlich Mülltonnen durchwühlen. Das ist ein unschätzbares Geschenk. Es anzunehmen, eine Entscheidung.

Die Ausreise

Im Hochsommer der Südhalbkugel packten wir unsere Kisten. Eine Kollegin teilte ihren Container mit uns. Er wurde einige Wochen vor der Ausreise losgeschickt. Bald erinnerte die fast leere Wohnung an unsere Ankunft. Damit begann sich der Kreis zu schließen. Von nun an hielt ich mich lieber draußen auf, um nicht ständig vor Augen zu haben, dass etwas zu Ende ging, das ich noch nicht loslassen wollte.

Obwohl keine Zweifel bestanden, dass wir die Entscheidung für den Rückumzug unter Einbeziehen sämtlicher Komponenten zu Gunsten aller gefällt hatten, schmerzte sie sehr. In der letzten Woche konnte ich meine Tränen kaum noch zurückhalten, doch ich musste. Für Aurora. Ihre Vorfreude auf die Großeltern und das neue Land durfte nicht durch ein für eine Vierjährige verwirrendes Verhalten der Mutter getrübt werden. Ich schob das Heulen auf. Doch irgendwann würde es sein müssen, denn ungeweinte Tränen vergiften die Seele.

Die Deutsche Welle zeigte Nachrichtenbilder aus Mitteleuropa in Grau, Himmel wie Erde, die Kleidung der Menschen fast ausschließlich dunkel, in ihren Gesichtern der Sonnenmangel der Jahreszeit. Daneben stand das Fenster offen. Heiße Luft wehte herein. Die Jungen der Mönchssittiche krächzten bei ihren Erstlingsrundflügen aus Leibeskräften. So farbenfroh, so lebendig im Vergleich zu dem tristen und fahlen Blick nach Europa durch den Fernseher. Der Umzug wäre vom argentinischen Winter in den deutschen Sommer sicher um einiges leichter gewesen.

Ich setzte mich auf den Sims. Bilder tauchten in mir auf. Von einer Autobahnraststätte. Es war August gewesen, ich trug ein Sommerkleid. Eines, das man leicht über die Brust ziehen konnte, denn Aurora war erst wenige Monate alt gewesen. Wegen des Stillens ließ ich sie bei niemandem. Ron hatte extra einen halben Tag Urlaub genommen. Es gibt allerhand Orte für ein Einstellungsgespräch, dieser zählte zu den ungewöhnlicheren. Zwischen Truckern und Urlaubern saß ich der deutschen Direktorin der Pestalozzischule von Buenos Aires gegenüber. Sie fuhr durch Deutschland und traf ihre Bewerber dort, wo sie auf ihrer Route deren Aufenthaltsort am nächsten kam. Bei mir war das die A96. Als wir uns verabschiedet hatten, fütterte ich mein Baby.

Der Augenblick kam, in dem wir zum letzten Mal an der *Estación Belgrano R* in den Stadtzug stiegen und ins Zentrum fuhren. Kein weiteres Mal würden wir am Bahnhof Retiro aussteigen, uns durch die quirligen Verkäufermassen auf den umliegenden Straßen wühlen, im Vorbeigehen Sonnenbrillen, Geldbörsen, Gummischuhe, aus Erfrischungsgetränken aufgebaute Pyramiden und feilgebotene Snacks ansehen, welche kaufen, frischen Orangensaft schlürfen.

Wir schlenderten durch die Einkaufsstraßen bis zur Plaza de Mayo, wo Cristina Kirchner im Regierungsgebäude, der Casa Rosada aus rötlichem Stein, die Geschicke ihres Landes in den Händen hielt. Die Spazierwege durch das unmittelbar vor dem Stadtzentrum liegende Naturschutzgebiet Costanera Sur sparten wir uns bis zur Dämmerung auf. Allerlei Getier bewohnt dort das mannshohe Pampagras, das niedlichste davon das *cuy*, auch als Meerschweinchen bekannt. Steht die Sonne tief, trippeln die Nager auf die Grasflächen an den Wegen. In den Sommerwochen führen sie unwiderstehlich schnuckelige Jungtiere mit, sie wuseln quiekend um ihre Mütter. Wären sie nicht scheu genug gewesen, um rechtzeitig zu flüchten, ihre Bewunderer hätten sie hochgenommen und geherzt.

Fast wäre unser letzter Besuch bei den Tierchen vereitelt worden, denn die Parkaufseher waren im Begriff, die Tore zu schließen, als wir eben hindurch wollten. Sie vertrösteten uns auf einen anderen Tag. Den es für uns aber nicht mehr gab.

Nur eine harmlose List konnte helfen. Wir zogen Aurora einen ihrer Schuhe aus, versteckten ihn in unseren Taschen und baten einen Parkwächter, der uns zuvor noch nicht gesehen hatte, bitte-bitte nach dem Schühchen suchen zu dürfen. Das Kind könne sich schließlich nicht ohne auf den Heimweg machen. Es musste ihm vor wenigen Minuten gleich hinter dem Eingang verloren gegangen sein. Klar hatte man in so einer Lage Verständnis. Und klar durchstreiften wir jetzt die ganze Costanera Sur, in voller Länge, trafen unterwegs auf etliche quiekende Schweinchenfamilien und gelangten noch lange rechtzeitig vor der Schließung zum Ausgang am anderen Ende.

Dann, am Ausreisetag fuhren wir im Taxi die Strecke zum Flugplatz Ezeiza. Belgrano R, Buenos Aires und die Pampa zogen an uns vorbei, als wären sie irreal. Jetzt nur noch alles schnellstmöglich hinter sich bringen und weg. Sterben. Ich wollte nicht. Nicht ins Flugzeug, nicht raus aus Argentinien. Und wusste noch nicht, dass eine letzte Stolperhürde zu nehmen blieb.

Lange Reihen am Eincheckschalter. Eine blutjunge Uniformierte fragte, wo wir die von einem Anwalt beglaubigte Geburtsurkunde unserer Tochter hätten. Die Relevanz des Themas der Kindesentführungen war uns ja bekannt, und dass derartige Bestimmungen deshalb von Nöten sind. Keine Ausreise ohne Beweis, dass mitreisende Kinder leibliche sind. Allerdings werden die Paragraphen nicht auf Ausländer angewandt.

„*Señora*, schauen Sie, unsere Tochter hat einen Diplomatenpass von Deutschland und ist außerdem in meinem Pass eingetragen." Ich hielt der Angestellten schnell und ruhig das Beweismaterial entgegen. Es war greifbar, wie neu sie ihn ihrem Job war und schon deshalb akribisch bemüht, alle Vorschriften auf das Genaueste einzuhalten.

„Das ist nicht genug", beharrte sie. „So können Sie nicht ausreisen."

„Schauen Sie die Stempel in den Pässen an. Wir sind viele Male so ausgereist."

„*Señora*, das glaube ich Ihnen nicht, dass Sie ohne das fehlende Dokument ausreisen konnten", erwiderte sie.

Ganz freundlich versuchten wir der Dame erneut unsere Situation zu schildern. Es sei unsere letzte Ausreise, wir hatten nicht einmal mehr eine Wohnung, in die wir zurück könnten. Ob sie bei der deutschen Botschaft anrufen wolle? Die Erwähnung der Botschaft brachte die Dinge wieder ins Rollen. Die Vorstellung dort vorzusprechen mit einem Anliegen, dessen sie sich inzwischen selbst nicht mehr sicher schien, gefiel ihr nicht.

„Sie können eines machen", fuhr sie nach kurzem Überdenken fort, „gehen Sie zur Einwandererbehörde am Ende der Halle und fragen Sie dort, ob wir in ihrem Fall eine absolute Ausnahme machen können."

Was blieb mir übrig, als der Aufforderung zu folgen. Nach fünfzig langen Schritten zwischen Reisenden hindurch und über Koffer stellte ich mich hinter schier endlos vielen anderen an besagter Stelle an. Bereits nach fünf Minuten, ohne jegliches Vorrücken, war klar, dass wir so unsere Flüge garantiert verpassten. Die häufigsten Fragen las ich, sie waren groß über den Köpfen aufgelistet. Ja, beglaubigte Geburtsurkunden seien mitzuführen, in Klammern: auch von Ausländern. Vorher nie gesehen oder gehört. In weiteren fünf Minuten überlegte ich, welche Alternativen blieben. Na dann! Fortes fortuna adiuvat! Den Mutigen hilft das Glück!

Ich atmete tief und ging zurück zum Schalter. Erläuterte unserer Frau, dass ich gefragt hätte und die Bestimmungen nur auf Argentinier angewandt werden und wir keinerlei zusätzliche Papiere brauchten. Dabei flehte ich innerlich, sie käme nicht auf die Idee, bei dieser Einwanderungsbehörde anzurufen um sich zu erkundigen, wer dort eine solche, ja, wie sie wusste falsche, Auskunft gab. Sekunden verstrichen, hinter ihrer Stirn ratterte es. Und dann wollte sie uns plötzlich loswerden – natürlich ohne ihr Fachwissen und damit ihre Kompetenz in Frage gestellt zu bekommen. Deshalb bedankten wir uns für ihr Verständnis und ihr umsichtiges Handeln und konnten so endlich unser Gepäck abgeben und unsere Bordkarten in Empfang nehmen.

Ständiges Angespanntsein während der langwierigen Rückreisevorbereitungen hatte gezehrt, jetzt klappten die restlichen Energien zusammen. Einsteigen und Pause. Nichts mehr tun müssen, essen und schlafen. Und immer wieder sterben. Es fühlte sich tatsächlich so an, auch wenn man weiß, dass man auch diesen Abschied überlebt.

Auf dem Flug nach São Paulo zum vorerst letzten Mal Südamerika von oben. Erst auf dem Nachtflug nach München, als Aurora eingeschlafen war, lösten sich die Tränen. Sie begannen, ein erstes kleines Stück des lähmenden Abschiedsschmerzes aus der Seele zu waschen.

Am folgenden Morgen landeten wir bei rund vierzig Grad weniger als wir gestartet waren. Aurora war begeistert, sie durfte Schnee anfassen! Elternfreude über die Freude des Kindes, alles andere würde sich erst finden müssen.

Nachwort

Einige Monate sind vergangen, seit wir wieder deutsche Luft atmen. Obwohl wir einen neuen Platz für uns gefunden haben, vergeht kein Tag, an dem wir nicht über den Himmel Richtung Südwesten blicken. Wenn wir auch unsere Kleidung und persönlichen Gegenstände in Kisten verpacken und über den Atlantik schiffen konnten, ist trotzdem ein Teil von uns in Lateinamerika geblieben. Er ließ sich nicht losreißen. Soll dort ruhig auf uns warten und uns zurückrufen!

Ob wir zu Argentiniern geworden sind? Ganz deutsch sind wir mit Sicherheit nicht mehr. Waren wir es je? Die Teile unserer Persönlichkeiten, die uns immer wieder nach Lateinamerika führten und das auch in Zukunft tun werden, zeugen wohl schon unser Lebtag lang von einer zusätzlichen Frequenz im Herzen. Diese verlangt stets aufs Neue, ihr nachzugeben. Sie zeigt den Weg und lässt uns auf ihm erfüllende und harte, verrückte und lehrreiche, einleuchtende und amüsante Erfahrungen einsammeln, die allesamt unsagbar bereichern.

Natürlich kostet das etwas, alles hat seinen Preis. Nur Liebe ist gratis, so denn sie wahr ist. Es fordert, mehr als einmal über Tausende von Kilometern umzuziehen, alles zurückzulassen und frisch unter Menschen zu beginnen, denen man zwar von seinen früheren Jahren erzählen kann, die diese aber nicht miterlebt haben. Es verlangt jedes Mal neue Bereitschaft, seine eigenen und kulturbedingten Vorstellungen nicht über die des Gastlandes zu stellen. Tut man das doch, wird man nicht sehen, was sich hinter dem Augenscheinlichen befindet.

Um in andere Lebensweisen und Weltanschauungen tief einzutauchen, muss man streckenweise kühn die eigenen loslassen und mit Leib und Seele an denen der Wahlheimat teilnehmen. Mitunter muss man sich überwinden, um anzuerkennen, dass Erkenntnisse und Überzeugungen, die man für richtig hielt, sich in gänzlich neuen Situationen eben nicht als tragend erweisen.

Letztlich genießen wir Bürger der ersten Welt den immensen Vorteil, die Wahl zu haben. Egal wie nahe wir einer anderen Kultur kommen und diese selbst leben, wir sind nicht an sie gebunden. Wir können jederzeit gehen. Dadurch werden wir nie ganz gleich denken und fühlen wie die Menschen des Gastlandes. In Folge können wir es auch nicht in letzter

Instanz tun. Dennoch macht einen das Leben auf verschiedenen Kontinenten in seinem Handeln und Fühlen zu einem Kulturmischling. Diese Weise, seine Existenz anzunehmen, erweitert Geist und Verständnis, denn sie befreit von vielen konditionierten Schranken, die das Dasein an nur einem Fleck der Erde unumgänglich mit sich bringt.

„Die Welt ist ein Buch. Wer nie reist, sieht nur eine Seite davon." Diese Auffassung geht auf Aurelius Augustinus zurück. Wann war seine Zeit? Vor rund tausendsiebenhundert Jahren! Wahrheit überdauert. Freilich versteht man einige Buchpassagen schnell, bei anderen tut es gut, sie oft zu wiederholen. Aber Vorsicht! Manch einer bleibt in der Wiederholung stecken. Sie gaukelt doch Sicherheit vor. Baut man zu lange auf dieses Trugbild, raubt es die Kraft, um noch umblättern zu können. Dann verliert man sich auf einer einzigen Seite und bejammert dort seinen Gram darüber, nicht mehr von ihr loszukommen.

Es más fácil llegar al sol que a tu corazón! Es ist einfacher, die Sonne zu erreichen, als dein Herz. Der Hit im Radio auf der Taxifahrt bei unserer Ankunft wurde zum Ohrwurm. Berühren durften wir die Herzen der Argentinier. Ebenso berührten sie die unseren. Ganz in das Herz seines Gegenübers gelangt man selten. Das sollte man bei den meisten seiner Mitmenschen den Strahlen der Sonne überlassen. Die schickt sie jedem, der sie durch seine Haut bis in tiefstes Sein gleiten lässt. Und im Grunde bleibt auch die Liebe zu einem Land, wie zuletzt jede innige Liebe, ein nie ganz fassbares Mysterium. Was immer und überall zählt, ist, wie sehr die intensivsten Gefühle jemanden bereichern, befreien, ihn sich selbst finden lassen und sein Inneres zum Klingen bringen.

Es wäre mir eine Freude, liebe Leser, wenn etwas in diesem Buch in Ihrem Herz eine Saite anklingen ließ. Einer Saite wollen viele folgen und daraus lässt sich ein ganzes Orchester kreieren. Bei jedem spielt eine ureigene und unverwechselbare Musik im Innersten. Traut er sich, sie freizulegen, wird sie hörbar. So beflügelt ergreift man beherzter die Chancen in seinem Leben. Die Erfüllung der Wünsche gehört in die Gegenwart! Anstatt auf ein Morgen verschoben zu werden, das Übermorgen schon entglitten ist.

Mir wies ein Zitat von Christian Morgenstern einige Male den Weg, wenn mich trübe Routine bedrohte, in der mich kein neues Geheimnis mehr verlockte und nichts mehr Zauber versprühte. Spätestens dann wurde es jedes Mal Zeit zu handeln. Morgenstern drückt auch meine Auffassung aus und ich widme sie speziell einem Freund, der einer lange unbewussten Saite meines Herzens mannigfaltige Töne entlockte, die in mir nachklingen:

Wir brauchen nicht so fortzuleben, wie wir gestern gelebt haben. Machen wir uns von dieser Anschauung los, und tausend Möglichkeiten laden uns zu neuem Leben ein.

www.ingramcontent.com/pod-product-compliance
Lightning Source LLC
Chambersburg PA
CBHW060340170426
43202CB00014B/2832